民族魂

艰苦创业故事

学生成长励志故事读本

陈志宏◎编著

延邊大學出版社

·延吉·

图书在版编目（CIP）数据

艰苦创业故事 / 陈志宏著 . —延吉 : 延边大学出版社 , 2013.3（2024.1 重印）

ISBN 978-7-5634-5387-0

Ⅰ . ①艰…　Ⅱ . ①陈…　Ⅲ . ①品德教育－中国－青年读物 ②品德教育－中国－少年读物　Ⅳ . ① D432.62

中国版本图书馆 CIP 数据核字 (2013) 第 049035 号

艰苦创业故事

主编：陈志宏
责编：郭玉玲
封面设计：映像视觉
出版发行：延边大学出版社
社址：吉林省延吉市公园路 977 号　邮编：133002
电话：0433-2732435　传真：0433-2732434
网址：http://www.ydcbs.com
印刷：天津市天玺印务有限公司
开本：155 × 220 毫米　　1/16
印张：8
字数：50 千字
版次：2013 年 03 月第 1 版
印次：2024 年 01 月第 4 次印刷
书号：ISBN 978-7-5634-5387-0
定价：38.00 元

前言

民族魂，是一个民族的精髓，体现了一种民族的精神，是民族存在的精神支柱。

说起民族的精神，人们通常都会想到爱国主义。从古代的屈原、岳飞，到近代为保卫祖国领土完整的人民英雄；从古代的发明家张衡、毕昇，到今天为祖国的建设事业贡献力量的科学家；从古代的李白、杜甫，到今天为民族文学艺术的提高而不懈奋斗的文学家……在他们身上，都体现出一种广义的爱国主义和爱国精神。

爱国主义是一种伟大的民族精神，也是中华民族的传统美德，与我们祖国上下五千年的历史一样源远流长。作为一种巨大的精神力量，它对中华民族的历史发展与进步产生了重大的影响。

在我国古代历史上，不仅出现过许多杰出的政治家、军事家、思想家、文学家、科学家、艺术家，还出现过一大批忧国忧民、鞠躬尽瘁的仁人志士和抗击外敌、抵御入侵的民族英雄。他们或开发和改造祖国的河山，创造灿烂的中华文明；或英勇反击民族压迫和外来侵略，捍卫国家的主权和民族的尊严；或坚决反对民族分裂，维护国家的统一和民族的团结；或顺应历史潮流，积极改革弊政，励精图治，治国安邦，施利于民……他们从不同的侧面体现了中华民族的爱国主义精神，谱写了爱国主义的壮丽诗篇，铸造了中华民族坚不可摧的“民族之魂”。

人们之所以将爱国主义精神作为中华民族精神的主要特征，是因为19世纪以来的中华民族饱受外来民族的欺凌、压迫和剥削，从而需要以爱国主义来凝聚人心、努力奋斗，从而获得民族的解放。

翻开中国近代史册，最触目惊心的是一场场的战争、一件件的国耻。深重的民族灾难，撞击着每一个爱国者的心。帝国主义列强发动了第一次鸦片战争、第二次鸦片战争、中法战争、中日甲午战争、八国联军之役等大小100多次战争。每一次战争，都以强迫清政府签订不平等条约而结束。

面对亡国灭种的威胁，华夏大地的炎黄子孙们掀起了波澜壮阔的爱国热潮，创造了光照千秋的爱国主义业绩。中华民族所散发出来的民族精神，无论在深度和广度上都是前无古人的。无数民族英雄、志士仁人，在救国图存、振兴中华的斗争中所表现出来的爱国精神，既是对中华民族古代爱国主义传统的继承与发扬，又具有鲜明的时代特征。

除了爱国主义之外，勤劳、勇敢、诚信、团结、知礼、尊贤、节俭、敬业，热爱和平、不屈不挠、自强不息、励精图治、开拓创新等，也都是中华民族的精神精髓，是中华民族灵魂的具体表现。在五千年的历史中，我们的先辈在这片土地上，以这种高尚的品行和美德不断地开辟，才有了如今屹立于世界民族之林的东方强国。作为一个有着漫长历史的积淀与升华的民族，伟大的民族精神早已烙刻在了我们每个人的灵魂深处，与我们的血肉融合在一起。

青少年是国家的希望，也是民族不断发展和延续的根本。总有一天，我们的民族精神、我们祖国的这片神奇的土地要传到当代青少年手中。从这个意义上来说，我们民族精神的生机与活力，我们祖国的命运与前途，也掌握在青少年的手中。因此，青少年的爱国主义教育和励志图强教育也就显得更加重要。为了增强和提升国民教育，尤其是青少年的爱国主义精神、民族精魂志向，我们精心编写了本套丛书——《民族魂——学生成长励志故事读本》丛书。

本套丛书将有史以来体现民族精神和民族灵魂的典型事迹，以通俗易懂的故事形式娓娓道来，非常适合青少年的阅读水平和欣赏口味。书中提供了古往今来多个典型人物和事件典范，展现出的人物也涉及社会的各个层面，有利于青少年立心、立志、爱国、进取，从而全方位地领悟中华民族的精神、灵魂之所在。

在本套丛书中，为帮助读者更好地理解和学习这些源远流长的美好精神，我们还在每一篇故事后面给出了“心灵物语”，旨在令故事更加结合现代社会，结合我们自身的道德发展，提高我们的民族爱国精神，并由此而引发读者进一步的思考。

深刻的哲理人生，表现了博大精深的文化；精彩的人物事迹，道出了励精图治的典范；历代的爱国故事，喻出了民族精神的深意；高尚的品德展现，浓缩了上下五千年的灿烂文明……我们希望，青少年朋友们通过阅读本套丛书，能够受到深刻的爱国主义教育，能够真正体会到中华民族的灵魂所在，同时更能够汲取精华，励精图治，为提升自己的个人素质、为祖国未来的建设和发展作出努力。

全套丛书分类编排，内容详尽，文字优美，风格独具，是广大读者，尤其是青少年爱国励志教育的优秀读物。我们相信，本套丛书一定可以成为青少年朋友们的良师益友。

导言

艰苦创业是任何一个人、一个民族、一个国家不可或缺的精神和行为，也是中华民族的传统美德之一。中华民族的五千年历史，就是一部民族和国家的创业史诗。正是我们的先贤们、伟人们、先烈们，用一种不怕牺牲、排除万难、为民造福、勇于献身的精神，才有了中华民族文明发展的不断进步。

现在，在祖国的神州大地上，创业已是每个人都可能选择的一种生活方式，一种人生追求，抑或一种实现人生价值的征程。创业或许已不是一种壮举，却仍需要我们满怀激情，需要我们坚韧、自信而奋斗不息。正是那些可敬、可亲、可叹、可赞的创业者们，成为今日中国的脊梁。而居住于世界各地的海外华人，也都是秉承勤奋好学、图强进取、艰苦创业的精神，为人类、为社会、为自己的国家和所居住国家或地区作出了巨大的贡献。

本书中，我们精心选取了一些体现经过艰苦创业而成功的经典故事，通过他们的故事，从各方面、各角度展现了华夏儿女艰苦创业、奋斗不已的传统美德。希望读者通过对此书的阅读，能够从中汲取有用的知识，学习他们身上那种不畏艰难、奋发图强、艰苦创业的精神，继承和弘扬艰苦创业的传统美德，并应用到自己的工作和生活中，使自己成为一个有理想和伟大抱负的人，成为一个能够对社会和人类作出贡献的人！

目录

CONTENTS

第一篇
历史伟人成霸业

神农为黎民尝百草

神农氏本为姜水流域姜姓部落的首领，后发明农具以木制耒，教民稼穑饲养、制陶纺织及使用火，功绩显赫，以火得王，故为炎帝，世号神农。他曾建都山东曲阜，并被后世尊为“农业之神”。神农氏又曾跋山涉水，尝遍百草，找寻治病解毒的良药，以救夭伤之命，后因误食“火焰子”肠断而死。《神农本草经》即是依托他的著作。

上古时期，五谷与杂草是长在一起的，药物和百花也是开在一起的，所以哪些粮食能吃，哪些草药能治病，谁都分不清。黎民百姓开始时是靠打猎过日子，可是天上的飞禽越打越少，地下的走兽越打越稀，人们没东西吃，就只好饿着肚子。谁要是生疮害病，也没有药物医治，只能白白等死。

老百姓的疾苦，神农都看在眼里，急在心上。怎样才能让百姓吃饱肚子？怎样才能为百姓治病疗伤？神农苦思冥想了三天三夜，终于想出了一个办法。

第四天，神农带着一批臣民从家乡随州历山出发，向西北大山走去。整整走了七七四十九天，他们一行人来到了一个地方。

只见这里的高山一峰接一峰，峡谷一条连一条，山上长满了奇花异草，老远就能闻到一股股香气。

神农等人正在往前走，突然从峡谷里窜出来一群狼虫虎豹，把神农几个人团团围住。神农马上让臣民们挥舞神鞭，向野兽们打去。可是打走一批，又拥上来一批，一直打了七天七夜，才把野兽都赶跑了。那些虎豹蟒蛇身上被神鞭抽出了一条条、一块块伤痕，后来变成了皮上的斑纹。

臣民们都说这里太险恶，劝神农回去，神农却摇摇头说："不能回去！黎民百姓饿了没吃的，病了没医药，我们怎么能回去呢！"说着，神农就领头进了峡谷，来到一座茫茫的大山脚下。

这座山峰半截插在云彩里，四面都是刀切的悬崖，崖上挂着瀑布，长着青苔，溜光水滑，看来没有登天的梯子是上不去的。臣民们又劝神农还是趁早回去吧，神农仍然摇摇头，说："不能回去！黎民百姓饿了没吃的，病了没医药，我们怎么能回去呢！"

神农站在一个小石山上，对着高山，上望望，下看看，左瞅瞅，右瞄瞄，打主意，想办法。后来，人们就把他站的这座小山峰叫"望农亭"。

神农看到了几只金丝猴，正顺着高悬的古藤和横倒崖腰的朽木爬过来。神农灵机一动，有了！他当下把臣民们都喊来，叫他们砍木杆、割藤条，靠着山崖搭成架子，一天搭上一层，从春天一直搭到夏天，从秋天又搭到冬天，不管刮风下雨还是飞雪结冰，从来都没有停过工。整整搭了一年，搭够了360层，才搭到山顶。传说，后来人们盖楼房用的脚手架，就是借鉴了神农搭架子的办法。

神农带着臣民们攀登着木架，登上了山顶。山上简直是花草的世界，红的、绿的、白的、黄的，各色各样的花草密密丛丛，神农喜欢极了。他叫臣民们防着狼虫虎豹，自己亲自采摘花草，放到嘴里品尝。

为了在这里品尝百草，为老百姓找吃的、找医药，神农就叫臣民在山上栽了几排冷杉，当作城墙防野兽，并在墙内盖了一间茅屋居住。后来，人们就把神农住的地方叫"木城"。

白天，神农领着臣民在山上尝百草；晚上，他就叫臣民生起篝火，就着火光把这些百草的作用详细地记载下来：哪些草是苦的，哪些热，哪些凉，哪些能充饥，哪些能医病，都记得清清楚楚。

有一次，神农把一棵草放到嘴里尝了一下后，霎时间感觉天旋地转，一头栽倒在地。臣民们慌忙把神农扶起来，神农知道，自己这是中了毒，可是已经不会说话了，只好用最后一点儿力气，指着面前一棵红亮亮的灵芝草，又指指自己的嘴巴。臣民们慌忙把那红灵芝拔起来，喂到了神农的嘴里。

神农吃了灵芝草后，毒气很快就解了，头不昏了，也会说话了。从此，人们都说灵芝草可以起死回生。

臣民们担心神农这样尝草太危险了，都劝他下山回去。神农又摇摇头，说："不能回去！黎民百姓饿了没有吃的，病了没有医药，我们怎么能回去呢！"说罢，他又接着尝起百草来。

神农尝完一座山上的花草后，又到另一座山上去尝，依旧用木杆搭架的办法攀登上去。一直尝了七七四十九天，踏遍了这里的山山岭岭。他尝出了麦、稻、谷子、高粱能充饥，就叫臣民把种子带回去，让黎民百姓种植，这就是后来的五谷。他还尝出了365种草药，写成《神农本草》，叫臣民带回去，为天下百姓治病。

经历了无数的辛苦和牺牲，神农终于尝完了百草，为黎民百姓找到了充饥的五谷和医病的草药。等他们准备下山回去时，神农放眼一望，遍山搭的木架都不见了。

原来，那些搭架的木杆已经落地生根，淋雨吐芽，年深日久，竟然长成了一片茫茫林海。正当神农为如何下山犯难时，天空突然飞来一群白鹤，把神农和护身的几位臣民接上天庭去了。从此，回生寨一年四季都有香气弥漫，老百姓都过上了幸福安康的生活。

为了纪念神农尝百草、造福人间的功绩，老百姓就把这一片茫茫林海取名为"神农架"，把神农升天的回生寨改名为"留香寨"。

心灵物语

神农为"令民知所避就"而尝百草，反映了我们祖先不怕牺牲、排除万难、为民造福、勇于献身的崇高精神。正是这种精神，才使得我们民族斩榛辟莽、前驱先路，成为世界上最早的文明发源地之一。

史海钩沉

茶叶的发现

神农在山上尝百草时，随身带了一只可以看到五脏六腑、十二经络且能够帮助他识别药性的活"仪器"——獐鼠，又名"獐狮"。民间有"药不过獐鼠不灵"之说。

有一天，獐鼠吃了巴豆腹泻不止，神农就把它放在一棵青叶树下休息。过了一夜，獐鼠竟然奇迹般地康复了。原来，獐鼠是吸吮了青树上滴落的露水解了毒。于是，神农就摘下青树的青叶放进嘴里品尝，顿感神志清爽、甘润止渴。

后来，神农就教老百姓种了这种青树，它就是现在的茶树。这就有神农架民间传唱着"茶树本是神农栽，朵朵白花叶间开。栽时不畏云和雾，长时不怕风雨来。嫩叶做茶解百毒，每家每户都喜爱"的山歌。

文苑荟萃

华夏人

夏也被称为"华夏""诸夏"，是古代居住在中原地区的汉民族的自称。《说文》中称："夏，中国之人也。"所谓"中国"，就是指古代的中原地区，这是与周围的夷狄地区相对而言的。

从大约公元前5000年起，当今汉族的主体华夏族便在黄河流域起源，并逐渐发展起来，进入了新石器时期，先后经历了母系和父系氏族公社阶段。

公元前2700年，在今陕西中部地区有一个姬姓部落，首领是黄帝，其南面还有一个以炎帝为首的姜姓部落。两个部落经常发生摩擦，最终爆发了阪泉之战，黄帝打败了炎帝。之后，两个部落结为联盟，并攻占了周边的各个部落，华夏族的前身由此产生。

杂诗四首

宋·黄庭坚

（一）

扁舟江上未归身，明月清风作四邻。
观化悟来俱是妄，渐疏人事与天亲。

（二）

佛子身归乐国遥，至人神会碧天寥。
劫灰沈尽还生妄，但向平沙看海潮。

（三）

小德有为因有累，至神无用故无功。
须知广大精微处，不在存亡得失中。

（四）

黄帝炼丹求子母，神农尝药辨君臣。
如何苦思形中事，忧患从来为有身。

商汤除暴建大业

商汤（？—前1588年），子姓，名履。庙号太祖，为商太祖。他是商朝的创建者，在位30年，其中17年为商国诸侯，13年为商朝国王。今人多称商汤，又称武汤、天乙、成汤、成唐，甲骨文称唐、大乙，又称高祖乙，商族部落首领。

夏朝时期，自从孔甲继位为夏王以后，便“好方鬼神，事淫乱”，整日不理朝政，只迷信鬼神，专事打猎玩乐，导致百姓怨恨，诸侯反叛。

由于国力衰弱，夏朝无法控制周围诸侯国势力的发展。在夏朝的诸侯国中，商自上甲灭有易以后，势力逐渐发展壮大起来。农业和牧业的发展，社会财富的增加，也促使商族由氏族制度逐渐过渡到奴隶制度。

为了向外发展势力，掠夺更多的奴隶和财物，在上甲微到主癸的六个商侯时，曾经两次迁徙，一次是迁到殷（今河南安阳小屯），另一次是由殷又迁回商丘。到了主癸时，商已经发展成为一个具有国王权力的大国诸侯了。主癸死后，由他的儿子汤继位为商侯。

商汤继主癸成为诸侯时，正是夏桀暴虐无道、残害人民、侵夺诸侯、天怒人怨的时候。于是，商汤抓住这个有利时机，开始做消灭夏朝的准备。

商族从始祖契开始，到商汤的时候，已经将居住的地方迁了八次。商汤为了准备消灭夏朝，首先把居住的地方从商丘迁到商族祖先帝喾曾经居住过的亳，在这里积蓄粮草，招集人马，训练军队。本来商汤曾被夏王朝授予“得专征伐”的大权，也就是说，他想要讨伐谁，是可以不经夏王的批准而有权出兵的。但是，商汤准备讨伐的并不是一般的诸侯，而是统治全国的夏王朝。他为了削弱夏王朝的势力，排除灭夏的障碍，争取更多的诸侯反夏，首先就从商的邻国葛开始。

葛是亳西面的一个诸侯国，在夏王朝所属的诸侯国中并不算大。葛伯是个忠实于夏桀的奴隶主，也是夏桀在东方地区诸侯国中的一个耳目。

商汤担心葛伯妨碍他灭夏的计划，将他的活动报告给夏桀，所以就想争取葛伯不再为夏桀效力，助商汤灭掉夏朝。可是，葛伯是一个好吃懒做的人，即使在古代社会中被视为国家大事的祭祀天地神鬼，他都不愿执行了。当商汤得知葛伯已经有很长时间没有举行过祭祀了，就派使者前去询问原因。

葛伯很狡猾，深知商族的畜牧发达，有大量的牛羊，就说：“我们不是不懂得祭祀的重要，只是每次祭祀都要用许多牛羊，我们现在没有牛羊，拿什么祭祀呢？”商使回去后，就如实地汇报给汤。

商族是最讲迷信的，几乎每天都要进行各种不同形式的祭祀，而每次祭祀都要用牛羊来作牺牲。古代的牺牲，就是指用家畜来作祭祀的贡品。用纯色的家畜，如牛、羊、犬、猪等叫作牺；用整体家畜叫作牲。用纯色整体的家畜作祭祀时的贡品，就叫作牺牲。

商汤听使者回来报告说葛伯之所以不举行祭祀，是因为没有牺牲，就派人挑选一群肥大的牛羊送给葛伯。

葛伯见商汤这样相信他的话，居然还得了不少牛羊，就将牛羊全部杀掉吃了，仍然不祭祀。

商汤得知葛伯仍然没有祭祀，又派使者到葛伯那里，询问他为什么不祭祀。葛伯又说：“我们的田中种不出来粮食，没有酒饭来作贡品，当然就举行不了祭祀。”

商汤得知葛伯是一个不关心人民生产、只知享乐的人，就派亳地的人前往葛地，去帮助葛伯种庄稼。

葛国的人民在葛伯这个昏君的统治下，生活非常艰苦，衣食都不能自足，当然就更不能为亳人提供饭食了。于是，商汤又派商朝边境的人去葛地送些酒饭，给帮助耕种的亳人吃，派去送酒饭的人都是一些老人和孩子。葛伯每次派人在葛地等候送酒饭的人来后，就把酒饭抢走，还威胁说不给就要被杀死。

商汤见葛伯死心踏地地要与商为敌，最终决定率兵讨伐葛，把葛伯杀掉了。由于葛伯不仁，葛国人民早就怨恨他了。见商汤杀了葛伯，百姓纷纷表示愿意归顺商。商汤将葛的土地、人民、财物等全部占有，组织葛的人民从事农耕，积极发展生产。

商汤灭葛的行动，在诸侯中不但没有人反对，反而都指责葛伯的不仁，被杀是他咎由自取。有的诸侯、方国的人民怨恨夏桀的暴虐，还盼望着商汤赶快前去征伐，把他们从夏王朝统治中解脱出来，归顺商汤。还有一些诸侯、方国自愿归顺商汤。

商汤对归顺的诸侯、方国都分别授予玉珠作为冕冠的玉串和玉圭。显然，这是居于一个诸侯盟主的地位，在行使国王的权力。于是，商汤从讨伐葛国开始，逐步翦除了夏朝的羽翼，削弱了夏桀的势力。

在夏王朝的诸侯、方国中，自从夏桀灭掉有缗氏以后，虽然叛离者不少，但拥护夏王朝的也还有不少，忠实于夏桀的也有一些。在东部地区，就有三个属国是忠于夏桀的：一个是彭姓的韦，一个是己姓的顾，另一个也是己姓的昆吾。他们不仅势力较大，所处的地区又与商较近。商汤灭掉葛以后，又征服了一些不归顺商的诸侯、方国，所谓“十一征而天下无敌”。

但是，这三个方国却执意与商为敌，时刻监视着商汤的活动，还经常向夏桀报告。于是，商汤和伊尹、仲虺决心除掉这三个夏桀的羽翼。

就在商汤准备进征韦时，夏桀才得知商汤还在继续征伐诸侯，扩大势力，就派使臣到商朝，召商汤入朝。商汤没有拒绝，于是带领随从来到夏王都。夏桀得知商汤来了，就下令将商汤囚禁在夏台。

伊尹和仲虺得知夏桀将商汤囚禁起来以后，立即搜集了许多珍宝、玩器和美女献给夏桀，请求夏桀释放商汤。夏桀是个贪财好色之徒，看见商送来的许多珍宝、玩器和美女，非常高兴，就下令将商汤释放回商。

商汤回国后，见叛夏归商的人愈来愈多，就和伊尹、仲虺商议征伐韦和顾国的事。

经过一番精心谋划和准备之后，商汤和伊尹就率领助商各方的联合军队，先对韦进攻。

商汤率大兵压境，韦连求援都来不及，很快就被商军灭亡了。

韦被灭后，顾国势单，商汤接着又挥师东进，乘胜也将顾国灭了。韦、顾两国的土地、财产、人民尽归商所有。

地处韦、顾两国北邻的昆吾国，相传是祝融的后代，被封在昆吾所建的一个方国。在夏王朝的属国中，它算得上是一个较大的方国了，国君被称为“夏伯”。

夏伯见韦、顾两国被商汤所灭，立即整顿昆吾之军准备与商相战。同时，又派使臣昼夜兼程赴夏王都，向夏桀报告商汤灭韦、顾两国的情况。

夏桀闻讯后，非常恼怒，下令起“九夷之师”，准备征商。商汤本来是想率军灭掉昆吾的，然后再征东夷，进而灭夏桀。伊尹阻止了商汤，并说：“东夷之民还服从桀的调遣，听夏的号令，此时去征伐不会取得胜利，灭夏时机尚未成熟，不如遣使向桀入贡请罪，臣服供职，以待机而动。”

于是，商汤采纳了伊尹的计谋，暂时收兵。商汤备办了入贡方物，写了请罪称臣的奏章，派使臣带到夏王都，在倾宫中朝见了夏桀。

夏桀见了贡物和请罪奏章以后，就与身边的谀臣们商议。谀臣们都向桀祝贺说："大王威震天下，谁也不敢反叛，连商侯也知罪认罪，可以不出兵征伐，安享太平。"

就这样，夏桀下令罢兵，仍然整天饮酒作乐。

夏桀不征伐商，可是一年之后，昆吾的夏伯自恃其能，率军向商进攻。伊尹见昆吾死心踏地效忠夏桀，一心与商为敌，就请商汤率军迎战昆吾。一战而大败昆吾军，再战而杀夏伯灭昆吾，并昆吾土地、人民入商。伊尹又出谋说："今年本应向桀入贡，且先不入贡以观桀的动静。"商汤用其谋不再向夏桀入贡。

当夏桀得知商汤又灭了昆吾，而不再入贡后，又下令"起九夷之师"。

但是，由于夏桀反复无常，昆吾又是助桀为虐，与商为敌，东夷的首领们也看出夏桀不会长久，就不听夏桀的调遣。伊尹看见九夷之师不起，灭夏的时机成熟了，就请商汤率军征桀。

商汤和仲虺、伊尹率领由70辆战车和5000步卒组成的军队西进伐夏桀。夏桀调集了夏王朝的军队，开出王都。夏、商两军在鸣条之野相遇，展开了大会战。

会战开始之前，商汤为了鼓舞士气，召集了参加会战的商军和前来助商伐夏的诸侯、方国的军队，宣读了一篇伐夏的誓词，商汤说：

"你们大家听我说，并不是我敢于随便以臣伐君，犯上作乱，乃是由于夏王桀有许多罪恶，上帝命我去诛伐他。你们都知道，桀的罪在于他不顾我们稼穑之事，侵夺人民农事生产的成果，伤害了夏朝传统的政事。正如大家所说，桀之罪是和他的一些奸谀臣子侵夺人民的农事生产成果。为了淫逸享乐，他们还聚敛诸侯的财物，供他们挥霍，害得夏朝的人都不得安居。大家都不与桀一条心，还指着太阳来咒骂他，何日灭亡，大家都愿同他一起亡。这已经是天怒人怨。桀的罪如此之多，上帝命我征伐，我怕上帝惩罚我，不敢不率领大家征伐他，大家辅助我征伐。如果上帝要惩罚，由我一人去领受，而我将给大家很大的赏赐。你们一定要相信我的话，我决不食言。如果你们不听我的誓言，我就要杀戮不赦，希望你们不要受罚。”

商军经过商汤的动员以后，士气大振，都表示愿意与夏军决一死战。而夏军却士气低落，人有怨心。两军交战那一天，正赶上大雷雨天气，商军不避雷雨，勇敢奋战，夏军败退不止。

夏桀见兵败不可收拾，就带领500名残兵向东逃到了三朡。三朡是夏王朝的一个方国，三朡伯见夏桀兵败逃来，立即陈兵布阵以保夏桀，并扬言要与商汤决一死战。

商汤和伊尹见夏桀投奔三朡，便继续挥师东进。商军和三朡军在成耳交战，结果商军打败三朡军，还杀了三朡伯，夺取了三朡伯的宝玉和财产。

夏桀见三朡又被商汤所灭，便又带着残部向南逃走。商汤和伊尹率军紧追不舍。夏桀逃到了南巢，商军追至南巢；夏桀又想从南巢逃跑，但是刚走到城门口，就被商军捉住了。

夏桀被监禁在南巢后非常气愤，对看管他的人说：“我很后悔，没有在夏台杀掉商汤，才落得如此下场。”

商朝建立后的第三年，夏桀就病死在亭山。

商汤和伊尹为了彻底消灭夏王朝的残余势力，又率军西进。因为韦、顾、昆吾和三朡这样一些较有势力而又忠于夏的方国都被商汤所灭，商军在西进的路上就未遇到大的抵抗，很快占领了夏都斟。夏朝的亲贵大臣们都表示愿意臣服于汤。

商汤和伊尹安抚了夏朝的臣民后，就在斟举行了祭天仪式，向夏朝的臣民们表示，他们是按照上天的意志来诛伐有罪的桀的。夏后氏的“历数”已终，这就正式宣告了夏王朝的灭亡。我国历史上的第一个奴隶制王朝至此宣告结束。

这一年大约是在公元前1750年至公元前1700年之间。商代后人歌颂他们的开国之君商汤的功绩时说：“韦顾既伐，昆吾夏桀。”（《诗经·商颂·长发》）就是说，商汤是先征伐韦、顾两国，然后才灭昆吾和夏桀。

商汤和伊尹在夏王都告祭天地以后，便率军回到亳。这时候，商的声威已经远播四方，各地的诸侯、方伯以及大大小小的氏族、部落的酋长们等都纷纷携带方物、贡品到亳来朝贺，表示臣服于商汤。就连远居西方地区的氐人和羌人部落也都前来朝见。数月之间，就有“三千诸侯”大会于亳。

400多年前夏禹建国时，在涂山大会诸侯时，“执玉帛者万国”。经过400多年的发展，这些上万的“诸侯”由于兼并、融合，到商汤建国时，只有“三千诸侯”。但是，这时商汤统治的地域却远比夏禹时要大得多。

商汤对前来朝贺的诸侯都以礼相待，自己也只居于诸侯之位，表示谦逊。“于是诸侯毕服，汤乃践天子位”。也就是在“三千诸侯”的拥护下，商汤做了天子，告祭于天，宣告了商王朝的建立。我国历史上第二个奴隶制王朝，也就是在商汤灭掉夏桀之后建立起来的。

心灵物语

“夏桀无道，商汤伐之”，从故事中我们不难看出商汤开创大商基业的艰辛。正是凭着这种排除万难、为民造福的精神，才使我们中华文明的历史向前跨越了一大步！

史海钩沉

鸣条之战

大约在公元前1600年，商汤兴兵讨伐夏朝。战前，商汤举行了隆重的誓师仪式，《尚书·序》中记载：汤“与桀战于鸣条之野，作汤誓”。

誓师后，商汤选出良车70乘，“必死之士”5000人，并联合各方国军队，采取战略大迂回，绕道夏朝都城以西突袭夏都。夏桀仓促应战，同商汤军在鸣条展开了决战。

决战中，商汤的军队奋勇作战，一举击败了夏桀的主力部队。夏桀败退后，归依于属国三朡（今山东省定陶区）。商汤乘胜攻灭了三朡，夏桀又率少数残部逃往南巢（今安徽省巢湖市），不久后便病死了。

商汤回师西亳（今河南省偃师区）后，召开了众多诸侯参加的“景亳之命”大会，得到3000多名诸侯的拥护，取得了天下之主地位，夏朝正式宣告灭亡。

文苑荟萃

九　夷

九夷是指古代称东方的九种民族，也指其所居之地。《论语·子罕》中记载：“子欲居九夷。”何晏集解引马融曰：“东方之夷有九种。”

《后汉书·东夷传》中说：“夷有九种。曰：‘畎夷、于夷、方夷、黄夷、白夷、赤夷、玄夷、风夷、阳夷。’”明朝袁衮的《远游赋》也称：“昔孔圣之周流兮，居九夷而弗陋。”

还有一说指玄菟、乐浪、高骊、满饰、凫更、索家、东屠、倭人、天鄙。见《尔雅·释地》“九夷”疏。

姬昌招贤勤政创周朝

周文王姬昌(公元前1152—前1056年),即商殷西伯侯,季历之子。姬昌之生母为挚任氏之中女太任,有贤名。《史记·周本纪》记载:“公季(历)卒,子昌立,是为西伯。”西伯死后谥为文王。文王能“遵后稷、公刘之业,则古公(亶父)、公季之法,笃仁、敬老、慈少,礼下贤者,日中不暇食以待士,士以此多归之”。西伯能遵从先人之法,继承祖先的业绩,礼贤下士,使国家日益强盛。殷纣王恐其不利于己,将其囚于羑里。闳夭以有莘氏美女及奇物宝马献给殷纣,纣“乃赦西伯,赐之弓矢斧钺,使西伯得征伐”。之后,西伯昌先后征伐犬戎、密须、耆国、崇国等国,并自岐迁都于酆(今作丰,今陕西西安市户县),为讨伐商纣作积极准备。他死后,太子发继位,是为周武王。武王完成了文王讨伐商纣的遗愿。

姬昌是我国商末时期西方诸侯长季历的儿子。商纣时期,称为西伯,建国于岐山之下。他积善行仁,政化大行,仿效祖父古公亶父和父亲季历制定法度,实行仁政,敬老爱幼,礼贤下士,把岐山下的周族根据地治理得很好。

在治理岐山期间,姬昌对内奉行德治,提倡“怀保小民”,大力发展农业生产,采用“九一而助”的政策,也就是划分田地,让农民助耕公田,纳九分之一的税。此外,商人往来做生意都不收关税,有人犯罪妻子不连坐等;实行裕民政策,征收租税有节制,从而令农民有所积蓄,以刺激劳动的积极性。姬昌对外积极招贤纳士,许多外部落的人才及从商纣王朝来投奔的贤士，他都以礼相待，予以任用，如伯夷、叔齐、太颠、闳夭、散宜生、鬻熊、辛甲等人，都先后归附姬昌部下称臣。

姬昌在生活方面也十分勤俭，穿普通人的衣服，吃粗茶淡饭，还亲自到田间与老百姓一起劳动，兢兢业业地治理自己的国家。岐周在姬昌的治理下，国力日益强大起来。

西周国力的不断壮大，让商纣王朝开始感到不安。商纣王的亲信谗臣崇侯虎暗中向纣王进言说，西伯侯到处行善，树立自己的威信，诸侯都向着他，恐怕不利于商王。于是，纣王就把姬昌拘于羑里（今河南汤阴县）。

姬昌在被囚禁的过程中，精心致力“演易之六十四卦，各为彖”。周臣闳夭等人为了营救姬昌出狱，便搜求美女、宝马、珠玉等献给纣王。纣王见了大喜：“仅此一物（指美女）就足够了，何况宝物如此之多！”于是下令赦免姬昌出狱，还赏给他弓、矢、斧、钺等，并且授权他讨伐不听命的诸侯。这就是史书中说的周文王“羑里之厄”。

姬昌出狱后，下定决心灭掉商朝。于是，他一面向纣王进献土地，请求免除酷刑，取得信任；一面又选贤任能，壮大国力。

有一次，姬昌到渭水河边打猎，巧遇年已垂老、怀才不遇的姜尚在水边钓鱼。姬昌与姜尚谈话，相互谈得很投机，姬昌还了解到姜尚确有真才，便让姜尚与他同车而归，立以为师，共同筹划灭商策略。

据《尚书大传》中记载，姬昌在位的最后七年中，做了六件大事。

第一年，姬昌调解了虞、芮两国的纠纷。据《诗经·大雅·绵》篇注说：虞、芮两国看到周国是“耕者让其畔，行者让路”“男女异路，斑白不提携”“士让为大夫，大夫让为卿”，一派君子之风。两相对比，内心感到十分羞愧，回国之后，虞、芮两国都主动将所争之地做了闲田处理，纠纷从此解决。

第二年，姬昌出兵讨伐犬戎，战败西戎诸夷，灭了几个小国。

第三年，姬昌攻打密须（今甘肃灵台县），解除了北边和西边的后顾之忧。

第四年，“西伯戡黎（今山西黎城县）”。

第五年，姬昌率兵伐邘（今河南沁阳市）。戡黎、伐邘实际上构成了对商都朝歌的直接威胁。

第六年，姬昌灭掉了崇国（今陕西西安鄠邑区），将周的都城由岐山周原东迁渭水平原，建立丰京（今陕西长安县沣河西岸）。《诗经·大雅》中载：“既伐于崇、作邑于丰。”

接着，姬昌又向南扩展自己的势力，一直扩展到长江、汉江、汝水流域，形成了“三分天下有其二”的形势。而此时的殷商已经处于极端孤立的境地了。

然而，就在这大功垂成之际，姬昌不幸死去。《尚书·无逸》和《吕氏春秋·制乐》都说他享国50年，称王前立国43年。死后葬于毕（指陕西长安县与咸阳之间渭水南北岸，境域较广）。

周文王姬昌在中国历史上是一位明君圣人，被后世历代所称颂敬仰，《诗经·大雅》中有颂诗。

心灵物语

文王拘而演《周易》；仲尼厄而作《春秋》；屈原放逐，乃赋《离骚》；左丘失明，厥有《国语》……大抵贤圣发愤之所作也。《报任安书》中的这几句话充分展示出周文王的贤才，他在极困难的情况下，艰苦创业，为开创周朝基业作出了不可磨灭的贡献，其美名传于后世，令人敬仰！

史海钩沉

周朝的政治制度

周朝政治制度的特点是分封制。周朝在灭掉商朝后，国王便大搞分封，将王族与功臣分封到国家的各个地方，建立起众多的诸侯国。随后，通过宗法制和分封制，又建立起了一个以周“天子”为中心，各个诸侯国围绕的奴隶制王朝，同时还建立起一套无孔不入的礼乐制度，形成一个秩序井然的奴隶制国家。

西周的官制比较繁杂，在周王身边辅佐的有太师、太傅、太保，合称为三公。三公之下还有三事官(政务官、事务官和地方官)、四方(诸侯和方国、部族)和卿事寮等。

周王朝官员为总揽朝政的太宰、掌祭祠礼仪的太宗、掌历法记事的太史、掌祈祷的太祝、掌神事的太工、掌占卜的太卜，合称六卿。六卿的僚属总称为卿事寮。

周王朝还有掌管土地和农人的司徒、掌管百工职事的司空、掌管军赋军政的司马、掌管版籍爵禄的司士和掌管刑罚的司寇，合称五官。

为王室服务的内廷事务官有三公之佐的三少(少师、少傅、少保)，有道、辅、弼、承的四辅，还有膳夫、缀衣、小臣、寺人、内竖、阍者、门尹、司王宥、火师、水师、大酋、太仆、御、右、萃车、趣马、师氏、虎贲、舆人、医、艺人、隶人、太子宫尹等。

在王畿外服的封国，被称为四方，包括侯、甸、男等诸侯。有时，周王朝还派使臣到各个诸侯国任监国。诸侯在自己的封国内，也仿照王室设置百官有司，成为相对独立的政权，主要有三事官，即司徒、司马、司空，分掌政务、司法和民事。

周朝的各级主要官吏都是在宗法制度基础上世袭的，而且文武不分，平时治民，战时就是各级将领。周朝的地方制度包括国、都、邑、野、鄙。周王和诸侯的都城为国，诸侯国中的大城为都、小城为邑，此外的地方称为野或鄙。

■文苑荟萃

羑 里

羑里为古地名，也称牖里，位于今河南省安阳市汤阴县北。

羑里城是一处龙山至商周时期的文化遗址，也是我国遗存下来的历史最悠久的国家监狱遗址，是“西伯（即周文王）拘羑里而演周易”的地方。

周文王名姬昌，是商末时期周族的领袖。他广施仁政，引起了殷纣的猜忌，于是被纣囚于羑里。姬昌被囚七年，将伏羲八卦推演为六十四卦，著成《周易》一书，于是羑里便成为《周易》（世称中华文化之源）的发祥地。

后人为了纪念姬昌这位伟人，在城址上修建了文王庙，从而成为人们朝敬先贤周文王的圣地。《史记·殷本纪》中记载：“纣囚西伯（即周文王）羑里。”

羑里城以其博大精深的文化内涵而名扬海内外。1996 年被国务院公布为国家重点文物保护单位。

熊绎艰苦创业成一霸

熊绎（生卒年不详），分封楚国时的芈部落首领。周文王姬昌的老师鬻熊的后裔。芈楚部落从夏启时代就被派到荆楚之地从事开辟土地的活动。自商汤灭桀后，就失去与中原的联系，逐渐与荆楚当地居民一起开创了独特的楚文化。到商纣时，辟商于之地，都郢（楚国国都都是这个名字）。楚族在当时的华夏集团地位不高，不被中原统治者重视。

上古时期，楚族由于受中原一些部族的歧视，逐渐向南方转移。到了商代中期，他们聚居到我国南方的湖北荆山一带，成为殷商王朝的方国。

但是，他们仍然受到中原人的歧视，商王朝还经常向它进攻掠夺。尤其是商朝末年，商纣王骄奢淫逸，宠信妖姬佞臣，杀害忠良，对各诸侯、方国横征暴敛，导致朝纲不振、民不聊生、天怒人怨。居于西岐山的西伯姬昌积极访聘高贤，招纳勇士，准备讨伐纣王，拯救苍生，各路诸侯闻讯纷纷归附姬昌。

当时，楚国的国君为鬻熊。他自幼习文练武，文韬武略，年届九十仍然雄心勃勃。姬昌特地到荆山拜访他，鬻熊见到姬昌，喜出望外地说：“久仰大名，老朽正欲投奔，同济苍生，不料明主谦恭下士，来到敝国，幸甚，幸甚！”

姬昌见鬻熊皓首银须，便惋惜地说：“老人家虽然有雄心壮志，可惜已风烛残年，能光耀几时？”

鬻熊听后很自信地说：“我虽然年迈，夺关斩将力所不及，但运筹帷幄、决胜千里尚不老啊！”

姬昌见他讲得很有理，又归附心切，便问：“那么，你何以辅我立千秋之功，建万世之业？”

鬻熊答道：“今纣王施暴政，天下大乱，诸侯们为了偏安一隅，掳民夫充军伍，刮民财济粮饷，民众苦不堪言。我辅贤王招贤纳士，集诸侯于麾下，以法绳约束之；施仁播德，天下归心；吊民伐纣，建千秋之基业。然后，修文息武，教代万民，振兴百业，便可国泰民安，四海升平。”

文王姬昌听完，大吃一惊，惶然拱手谢罪说：“老人家果然胸怀雄才大略，请登车同往西岐共谋大事。”

鬻熊与文王一起到西岐后，便被当作谋臣，尊为师长。后来，他为文王灭掉商纣王立了许多功劳，成为周王朝的开国功臣，也大大提高了楚国的声誉。

周成王时期，周王室为了赏赐开国功臣的后代而分封诸侯。当时，分封的诸侯为公、侯、伯、子、男五等爵号，鬻熊的曾孙熊绎被封为第四等爵号，称为楚子，居住在荆山一带，国都设在丹阳（今湖北秭归县东南）。

周成王分封诸侯以后，就在岐阳（今陕西岐山县东北）盟会诸侯。楚子熊绎听说后非常高兴，因为这是楚国有史以来首次以诸侯的身份出席朝廷召开的盟会。于是，熊绎兴致勃勃地按期赴会。

举行盟会仪式之前，诸侯们都散坐在会场的四旁。熊绎见会场布置得整肃庄严、祭品丰盛、热闹非常，心中十分得意。

过了一会儿，一位大臣逐一请各诸侯入席，各诸侯都依次就座完毕。可是，熊绎不见点到自己，心中便着急起来。

正在这时，另一个大臣拢来，对熊绎说：“请速同东夷鲜牟国君到会场上安放蓍草（滤洒祭神用的香草）、木牌（用以标明天子和诸侯席次），然后再去看守大庭前的火炬。”

熊绎一听，以为是大臣找错了人，连忙自我介绍说：“我是楚国诸侯啊！应该……”

大臣没等他讲完，就笑着说：“哈哈，我知道你是楚子，今日侯伯以上方可入席，你一个小小的楚子，又是蛮夷之族，何以入席？这是天子的命令，不得违抗，赶快去吧！”

熊绎一听，非常生气，但在这种场合下，又不敢发作，只好忍气吞声地服从。

楚国一班文武算定了熊绎的归期后，一面组织十里长队迎接熊绎，一面准备丰盛的猪羊酒礼，为熊绎接风，打算庆贺一番，以扬国威。可是，熊绎回来后却一副垂头丧气的样子。众人不知原因，都你一言我一语地询问赴会的情况，熊绎总是一言不发。

过了半晌，熊绎才长叹一声，然后向文武大臣们讲述了周王室欺他国小位卑、不给席位的情况。众人听完，都感到很气愤。

熊绎见此情景，便沉着又郑重地说：“众文武息怒，听我一言。今受中原欺凌，是因为楚国财富贫乏，兵微将寡。眼下如果与中原对戈，简直就是自取灭亡。要想求得生存，不受欺侮，就必须同心创业，奋发图强。”

熊绎的一席话，说得众人连连称是。于是，熊绎带领楚人在自然条件很差的荆山垦地。《左传》中说他们是“筚路蓝缕，以启山林”。

筚，是荆、竹、树枝之类；路，同“辂”，就是大车。筚路就是用荆竹树枝编制成的大车，或者叫作柴车；蓝缕，即“褴褛”，破烂的衣服；启，就是开。意思是就地取材地制成车子，穿着破衣服，去开发荒山野林，艰苦创业。

经过50多年的艰苦奋斗，楚国的疆土不断扩大，财富日益增多，军事力量也不断增强，竟成了江汉一带的霸主。周王朝不把楚国当成诸侯，楚国对周王朝也不再以礼相待了，甚至在某种行动上还故意有所冒犯。

周王朝对这样的诸侯国当然不能容忍。有一天，一位大臣对周天子（昭王）说：“如今楚国不仅自己不派人来进贡，还不让南方的其他部族来进贡。这种目无天子的行为如果还不惩罚，以后天下人眼中还有我们周王朝吗？”

昭王一听，觉得大臣说得有理，就亲率大军讨伐楚国。

当周王朝大军渡过汉水，踏上楚国的疆土时，只见到处都是深山老林，根本看不到楚军，却遭受到从树林中钻出来的小股楚军的袭击。另外，一些毒蛇猛兽也经常侵扰他们，特别是那些性情凶野的犀牛群到处乱窜，常常把周军撞得人仰马翻。庞大的军队在这深山密林中无法施展，昭王只好带着大军回去了。

过了三年，昭王又一次亲自率军南征。这一次，他只带了一支久经沙场、个个骁勇善战的御林军——守卫镐京的“西六师”。他们一过汉水，仍然看不到一个楚军，以为与上次南征时的情况一样，楚国没有大军抵挡。

正在这时，猛然听到一阵雷鸣般的鼓声，前后左右涌来无数的楚人，周军瞬时被楚军打得大败而逃。

周昭王不甘心失败，又亲自率领“西六师”第三次渡过汉水进攻楚国，结果又被楚军团团围住。大将祭公和辛余靡见势不妙，急忙保护着昭王杀开一条血路逃跑了。

当他们逃到汉江边时，忽然发现岸上有几条新船，便慌慌张张地推船下水渡江。谁知船刚到江心，就一下子散成了无数块木板。

原来，楚人早已料定昭王兵败后，会从这里渡江，就预先用树胶把木板粘起来绑成船放在岸上。这种树胶粘的木板船到了江心，树胶融化，船就开裂散架了。

最精锐的王家“西六师”就这样被消灭了，周天子落江而死。周王朝的大臣们不敢为天子举行葬礼，怕这件不体面的事张扬出去，只好悄悄地把昭王埋了。

心灵物语

“筚路蓝缕以启山林”，正是周朝强大的实力和轻蔑给了楚国人民奋发图强的动力，他们艰苦创业，最后成为春秋时期最著名的霸主之一。

史海钩沉

楚国的渊源

在古代，楚国又被称为荆、荆楚，是我国历史上春秋战国时期的一个诸侯国。

楚国的祖先族姓为芈，熊氏，最早兴起于古荆州之地的楚部落，被灭于秦国。其辖地大约为现在的湖北、湖南全部、重庆、河南、安徽、江苏、江西等部分地方。

楚的先祖出自帝颛顼高阳氏。高阳是黄帝的孙子，昌意的儿子。颛顼帝后第五代吴回，是帝高辛氏的火正(火官)，主管天火与地火，可以光融天下。帝喾命其为祝融。其部落主要分布在商都朝歌的南方(今河南新郑一带)。吴回之子陆终，生有六子，幼子名叫季连，芈姓，是楚国的先祖。季连之后曰鬻熊，是周文王的老师，其曾孙为熊绎，周成王时期被封为楚子(意为楚地的子爵)。

文苑荟萃

楚国的图腾

在我国古代传说中，凤被视为神鸟，也是鸟中之王。雄的叫“凤”，雌的称“凰”。《说文》中记载：“凤，神鸟也。天老曰：凤之象也，鸿前、鳞后、蛇颈、鱼尾、鹳嗓、鸳思、龙文、鱼背、燕颔、鸡喙，五色备举。”战国时期楚人鹖冠子的《鹖冠子》中也说：“凤，鹑火之禽，太阳之精也。”描绘出了“凤”的基本特征：鸟类，高大，五彩金，能歌善舞，吉祥安宁，因而被奉为楚国氏族的图腾。

秦灭六国一统天下

秦始皇（公元前259—前210年），嬴姓，赵氏，名政，秦庄襄王之子。汉族（原称华夏族），出生于赵国首都邯郸（今河北省邯郸市）。公元前247年，年仅13岁的秦王政继承王位。因年幼，朝政由太后和相国吕不韦及嫪毐掌管。公元前238年，秦始皇22岁时，在故都雍城举行了国君成人加冕仪式，开始"亲理朝政"，他先后除掉吕不韦、嫪毐等人，开始重用李斯、尉缭。自公元前230年至前221年，先后灭韩、赵、魏、楚、燕、齐六国，39岁时完成了统一中国大业，建立起一个以汉族为主体、多民族统一的中央集权的强大国家——秦朝，定都咸阳。秦始皇是中国历史上第一个使用"皇帝"称号的君主，对中国和世界的历史均产生了深远而重大的影响，被明代思想家李贽誉为"千古一帝"。

秦王政八年，即公元前239年，秦王嬴政年满21岁。依照秦国的旧制，嬴政第二年就要举行加冠礼，然后就可以亲政了。

然而，吕不韦和嫪毐却在此时向嬴政示威：吕不韦公开拿出《吕氏春秋》，嫪毐则依仗赵太后的势力，私自分土封侯。在这些挑衅面前，嬴政不动声色，而是按照原计划举行了加冠礼。

可是，嫪毐却等不及了，他想乘机叛乱，杀掉嬴政。结果被早有防备的嬴政平息，并且还捉住了嫪毐，最后处嫪毐以车裂酷刑，诛灭三族。他的同党被诛杀的也有20多人，牵连的多达4000多家。赵太后与嫪毐生的两个私生子也被毒杀，赵太后则被软禁起来。经过群臣的劝说，秦始皇才亲自把母亲赵太后接回咸阳。

除掉嫪毐的第二年，秦王又免去了吕不韦的相国职位，将他赶出咸阳，让他到自己的封地洛阳。两年后，秦王为了避免吕不韦与其他国家串通作乱，便派人给吕不韦送了一封绝命书。在信中，秦王对吕不韦大加斥责："你对秦国有什么功劳，却能封土洛阳，食邑十万？你和秦国又有什么亲缘，却得到仲父的称号？你快给我滚到西蜀去吧！"

吕不韦知道，自己就是去了西蜀，也最后难免一死，于是服毒自杀了。

秦王嬴政把对自己政权有威胁的国内敌人一一清除后，便开始对东方六国采取军事行动。他继承了祖辈的基业，而且发扬光大，手下有一批很有才干的文臣武将全力辅佐他。文臣如谋士李斯和尉缭，善于间谍活动的有姚贾和顿弱；武将则有蒙恬、蒙武、王翦和王贲等人。秦王继续用"远交近攻"的战略方针，逐步统一六国。

最先灭掉的是韩国。秦王政十四年，即公元前233年，韩国向秦国割地称臣，但也没能挽救败亡的命运。三年后，秦国俘虏韩王灭掉了韩国。

随后，秦国又攻打赵国，俘虏赵王，公子嘉逃到代郡（今河北蔚县），称代王。到秦王政二十五年，代王也被俘，赵国灭亡。

秦王政二十年，王翦领兵攻燕。在易水的西面，秦兵打败了燕、代联军，攻占了燕国的都城蓟城（今北京），燕王向辽东方向出逃。后来，燕王只得杀死曾经派荆轲刺杀秦王的太子丹，把他的头献给秦军求和。然而到了秦王政二十五年，燕国最后一个王——燕王喜被俘获，燕国也被灭了。同时，魏国也被秦军灭掉。

秦王政二十三年，攻打楚国的秦军因为兵力太少，被楚军打败。不久后，秦王又派老将王翦出征，并听从他的建议，拨给他60万重兵。

王翦用了三年的时间，终于拿下了楚国。

最后灭掉的是齐国。在秦国先后对其他五国用兵的时候，齐国不但袖手旁观，而且还和秦国结盟，根本没有意识到自己的前途将会与其他五个国家一样。因此，齐国没有作任何战争准备。秦王政二十六年，五国都被秦国灭掉后，齐国这才派兵准备抵御秦国，并和秦国断交。可惜为时已晚，秦国大将王贲最终灭掉燕国后，便领兵大举南下，一战俘获齐王。至此，秦灭六国，统一了中国。

心灵物语

秦国一统天下，结束了诸侯争霸的历史。始皇帝奋发图强，开创了大秦王朝，对推动中华民族的文明进步有着不可磨灭的贡献。

史海钩沉

秦夺九鼎

相传，九鼎是由九州上贡的铜所打造，由夏朝大禹所铸，象征着天下九州，因而也一直受到国家的保护。夏朝、商朝和周朝时期，九鼎被奉为国宝，拥有九鼎者就可以成为天子。

公元前256年（秦昭襄王五十年， 周赧王五十九年），秦国的军队攻伐赵国邯郸后，继续向韩、赵发动攻势。这时，东方的各国也联合起来抵抗秦国。在韩、赵等国的影响与胁迫下，西周公也卷入这次活动中。于是，联军打着周王的旗号，合纵抗秦。

秦昭襄王闻讯后大怒。秦国本来早就想消灭周王室，尽快扫除统一天下的一个障碍。西周现在参与反秦活动，正好让秦国出兵灭周有了机会。

于是，秦国开始出兵攻打西周。周赧王听信西周公之言，以西周三十六城、三万户向秦王投降。秦昭王便将周赧王贬爵为君，西周公为家臣，封于梁城(今陕西省韩城市)。

周赧王到梁城一个月后就死了，国家也至此灭亡，将九只鼎留在咸阳(途中一鼎落于泗水，所以秦国只得到八鼎，但习惯上仍称九鼎)。自次年起(昭王五十二年，公元前255年)，史家便以秦王纪年。同年，九鼎迁往秦国，意味着秦王将为天下共主，可以名正言顺地讨伐各个诸侯国了。

文苑荟萃

烽火台

烽火台是我国古代万里长城防御工程中最为重要的组成部分之一，其主要作用是作为传递军情的设施。

烽火台这种传递信息的工具在很早以前就已经出现了。刚开始修筑长城时，人们就很好地利用了烽火台的作用，使之成为古代传递军情的一种最好方法。

利用烽火台传递信息的方法是白天燃烟，夜间举火。因为白天阳光强烈，火光不易被远处的人看到，而夜间火光在很远处就能看见。这也成为古代一种科学、迅速的传递信息的方法。

为了报告来犯敌兵的多少，在利用烽火台传递消息时，还采用以燃烟、举火数目多少来加以区别的方法。到了明朝时期，在燃烟、举火数目的同时，还要加放炮声，以增强报警的效果，使军情顷刻之间就能传递千里。

烽火台的布局也很重要，关键是要把它布置在高山险处或是峰回路转的地方，而且必须是三个台都能相互望见，以便传递信息。

除了传递军情之外，烽火台还可以保护来往使节的安全，为他们提供食宿、供应马匹粮秣等。还有一些地段的长城只设烽台、亭燧而不筑墙的，可见烽火台在长城防御体系中的重要作用。

秦始皇

宋·王安石

天方猎中原，狐兔在所憎。
伤哉六孱王，当此鸷鸟膺。
搏取已扫地，翰飞尚凭凌。
游将跨蓬莱，以海为丘陵。
勒石颂功德，群臣助骄矜。
举世不读易，但以刑名称。
蚩蚩彼少子，何用辨坚冰。

刘邦平乱世立大汉

汉高祖刘邦（公元前256—前195年），字季（一说原名季）。沛郡丰邑中阳里（今江苏徐州丰县）人，汉族。秦朝时曾担任泗水亭长，起兵于沛（今江苏沛县）。后成为汉朝（西汉）开国皇帝，庙号为太祖（但自司马迁时就称其为高祖，后世多习用之），谥号高皇帝，所以史称太祖高皇帝、汉高祖或汉高帝。他出身平民阶级，成为皇帝之前又称沛公、汉中王。他对汉民族的统一、中国的统一强大、汉文化的保护发扬有决定性的作用。

汉高祖刘邦出身农家。他为人豁达大度，曾在咸阳（今陕西咸阳东北）服过徭役，秦朝末年还曾做过沛县泗水的亭长，奉命送本县的刑徒前往骊山（今临潼东南）。由于途中有不少刑徒逃亡，刘邦索性就把这些刑徒都释放了，然后自己也逃跑了，藏匿于芒砀山泽间（今河南永城东北）。

秦二世元年（公元前209）七月，陈胜、吴广起义反秦。是年九月，因受到萧何、曹参等人拥戴，刘邦也在沛县聚众反秦，自称沛公，聚兵3000人。

第二年四月，刘邦投奔项梁，屡次与项羽协同作战。项梁死后，刘邦被封为武安侯、砀郡长。九月，他曾奉令收集陈胜、项梁的散卒西向攻秦。出发时仅有数千人，而转战半年之后，他的兵力就过万了。

三年七月，刘邦率兵攻克宛城（今南阳）。自此，他便攻抚兼施，顺利地挺进到灞上（今西安东南）。

汉王元年（公元前206）十月，刘邦进入咸阳，灭掉秦国。当项羽率领起义军和秦军主力在巨鹿决战时，刘邦受楚怀王的派遣，带领所部向关中挺进。他迫降宛城，攻占武关，于公元前206年10月进抵霸上。秦王子婴投降，秦朝灭亡。

刘邦登上王位后，废除了秦朝苛刻的法律，并与关中父老约法三章："杀人者死，伤人及盗抵罪。"并分兵把关，欲为关中王，因此受到人民的欢迎。

项羽击溃秦军主力后，也引兵入关。当听说刘邦已平定关中，伐灭秦朝，项羽大怒，进驻鸿门，想要攻打刘邦。

十二月，刘邦见项羽率领40万大军入关，自己与项羽的实力相差悬殊，便委曲求全，听从张良的意见，亲自到鸿门（今临潼东北）谢过。项羽的谋士范增本来打算在宴会上刺杀刘邦，结果没有成功，让刘邦寻找机会逃走了。这就是历史上著名的"鸿门宴"。

此后，项羽便自封为西楚霸王，封刘邦为汉王，统治着巴蜀地区及汉中一带。但是，当时的汉中地区田荒位偏，人稀物罕，项羽又不让刘邦离开，想以此困死刘邦。因为汉中地区并不是大军久居之地，汉军军心涣散。

见此情况，刘邦便与谋士张良商议，决定"明修栈道，暗渡陈仓"，返回中原。

当年八月，刘邦用计谋率兵攻取关中。二年三月，又进至洛阳（今河南洛阳东），声讨项羽杀害楚怀王之罪，正式发动楚汉战争。四月，大败项羽于彭城（今江苏徐州）。其后，刘邦又亲率主力扼守战略要地荥阳（今河南荥阳东北）、成皋（今荥阳西北），与项羽抗争两年多，最终迫使项羽订下鸿沟之盟。后来，刘邦又依照张良提出的"敌疲我打"

战略方针，在五年十二月围歼楚军于垓下（今河南鹿邑东，一说安徽灵璧东南），逼得项羽自杀，统一了天下。二月，刘邦在定陶（今山东定陶西北）汜水北即皇帝位，建立汉朝。

在统一中国建立汉朝之后，刘邦便转而以文治理天下，征用天下儒生，并诏令天下，广泛求贤。

在政治上，刘邦接承了秦朝的中央集权制和郡县制，同时废除秦朝的苛刻法令，从而深得民心。平定天下后，刘邦又命萧何参照秦朝的法律“取其宜于时者，作律九章”，即“汉律九章”。

此外，刘邦还重用叔孙通整理朝纲。叔孙通制定了一套适合当时形势需要的政治礼仪制度，并撰写了《汉仪十二篇》《汉礼度》《律令傍章十八篇》等仪法法令方面的专著，为汉朝的建立和巩固奠定了基础，也为后人留下了一笔宝贵的文化遗产。

在法律思想上，刘邦以儒家思想为主，以法家思想为辅，取消了秦朝的“严刑峻法”，废除了连坐法及夷三族，提出了“德主刑辅”，即以教化为主，刑罚为辅，从而达到宽柔相济、严弛有度的统治效果。

在经济上，刘邦豁免徭役，减轻人民的负担。比如，减轻田租，什五税一，“与民休息”；释放奴婢，凡民以饥饿自卖为奴婢者，皆免为庶人，解放生产力；“兵皆罢归家”“以功劳行田宅”，让士兵复员回家，并给予土地及住宅，使他们都能够从事生产劳作，从而迅速恢复提高国民经济，鼓励生育，增加劳动力。

同时，刘邦还大力发展农业，抑制打击唯利是图的商人及残余的奴隶主阶级。刘邦还接受娄敬提出的“强干弱枝”的建议，把关东六国强宗大族和豪杰名家十余万口迁徙到关中定居。

在文化事业方面，刘邦建立了规模宏大的“国家图书馆”天禄阁、石渠阁等。“天下既定，命萧何次律令，韩信申军法，张苍定章程，叔孙通制礼仪，陆贾造《新语》。又与功臣剖符作誓，丹书铁契，金匮石室，藏之宗庙。虽日不暇给，规摹弘远矣”。

到高祖末年，汉朝的经济已经明显好转，天下新定，人民小安，未可复兴兵。刘邦成为我国历史上少有的杰出政治家，也成为真正统一中国的人。刘邦在汉朝初年制定的英明国政，不仅使饱受战乱的中国得以休养生息，更为以后的“文景之治”奠定了坚实的基础。

心灵物语

汉高祖刘邦推翻了秦王朝的残暴统治，开创大汉王朝，统一了中华民族战乱纷争的局面。刘邦采取宽松无为的政策，不仅安抚了人民、凝聚了国力，也促成了汉代雍容大度的文化基础。可以说，刘邦使四分五裂的中国真正统一起来，并逐渐把分崩离析的民心凝聚起来。他对汉民族的形成、中国的统一强大以及汉文化的保护发扬作出了巨大的贡献。

刘邦高瞻远瞩、深谋远虑，他的政治制度和对后世的安排使大汉延续了长达400余年。他的一套政治体制和经济制度为后世统治者沿用，刘邦开创的大汉帝国可以说是中国历史上最强盛的朝代，这种功绩令后世国人景仰与怀念……

史海钩沉

刘邦娶妻吕雉

刘邦的妻子是吕公的女儿吕氏，名叫吕雉。吕公曾因为与家乡的人结下冤仇，逃到小沛定居，因为沛县的县令与吕公是好友。

吕公刚到沛时，很多人都听说了他和县令的关系，纷纷登门拜访。刘邦听说后，也赶去凑热闹。

当时，主持接待客人的是在小沛担任主簿的萧何。他宣布了一条规定：

凡是贺礼不到一千钱的人，一律到堂下就座。

可是，刘邦根本不管这些。虽然他没有带一分钱去，却对负责传信的人说：“我出贺钱一万！”

吕公听说刘邦这么阔气，赶忙出来亲自迎接。一见刘邦器宇轩昂，与众不同，非常喜欢，就请刘邦入上席就座。

这次，刘邦不但白吃了一顿饭，酒足饭饱之后，吕公又将他盛情留下，提出将自己的女儿吕雉嫁给他为妻。

刘邦巴不得结成这门亲事，于是在征得父母同意之后，便和吕氏成了亲，这就是后来有名的吕后。汉惠帝刘盈就是吕雉与刘邦所生的儿子，他们还有一个女儿就是鲁元公主，后来嫁给了张敖。

文苑荟萃

大风歌

汉·刘　邦

大风起兮云飞扬，威加海内兮归故乡。
安得猛士兮守四方！

李世民开创大唐盛世

唐太宗李世民（599—649年），唐朝第二位皇帝，其名字的意思是“济世安民”。陇西成纪人，祖籍赵郡隆庆，政治家、军事家、书法家、诗人。他即位后，积极听取群臣意见、努力学习文治天下，成功转型为中国历史上最出名的政治家与明君之一。唐太宗开创了历史上的“贞观之治”，经过主动消灭各地割据势力，虚心纳谏，厉行节约，使百姓休养生息，终于使得社会出现了国泰民安的局面，为后来开元盛世奠定了重要的基础，将中国传统农业社会推向鼎盛时期。

隋朝末年，隋炀帝杨广的残暴统治使得阶级矛盾十分尖锐。隋炀帝杨广即位后，大兴土木，建东都、修长城、开运河、筑驰道，弄得民不聊生。

隋炀帝好大喜功，即位后便巡游江南，北上榆林，以夸耀自己的武力；出兵边塞，侵略高丽，以显示自己的威风。由于百姓徭役深重，战争频繁，社会生产遭到严重的破坏，人民的生活更是苦不堪言。广大百姓无法生活下去，不得不铤而走险，以武力反抗隋炀帝杨广的残暴统治。

611年，各地农民起义风起云涌，有些隋军将领也各自割据一方。顷刻间，群雄割据，全国有100多支反隋大军。

在反隋斗争中，起义军也逐渐由分裂走向联合，并逐渐形成了以李密和翟让领导的瓦岗军、杜伏威领导的江淮起义军和窦建德领导的河北起义军三支主要力量。在农民起义的冲击下，隋炀帝杨广的统治岌岌可危，处于风雨飘摇之中。

在农民起义风起云涌的同时，隋朝内部也逐渐分崩离析。李渊从这种动荡不安的天下局势中抓住了举兵起事的时机。

617年2月，马邑人刘武周起兵，杀死了太守王仁恭，自称天子，国号定扬。于是，李渊就以讨伐刘武周为名，积极募兵。李渊是以维护隋朝统治者的身份出现的，因而远近的武装也纷纷云集，不久就有近万人参加到由李渊直接领导的队伍中。

然而，李渊的行动引起了忠于隋炀帝的副留守王威与高君雅的怀疑。617年5月14日夜里，李渊命次子李世民在晋阳宫城外埋下伏兵。第二天早晨，李渊与王威、高君雅一同议事。这时，晋阳（今山西太原）令刘文静领着开阳府的司马刘政会进入庭中，说有密状要告诉给李渊。

李渊便让他呈交上来，可是刘会政却拒而不交，说要告的是副留守，只有李渊才能看。

李渊听说后，假装吃惊地问："怎么会有这种事？"

李渊看后，便对大家说："王威、高君雅要勾结突厥入侵。"于是命人逮捕了他们二人。

第二天，果然有几万突厥人围攻太原，人们都信以为真，李渊便趁机将王威和高君雅二人处死。

杀掉王威和高君雅，消除了内患之后，李渊便与将士们一起对付突厥。他命裴寂和刘文静坚守城防，同时又令大门洞开，城墙上也不树旗帜，守城士兵不许张望、喧哗。这就令突厥军队不明底细，不敢轻易入城。

此外，李渊还在夜里派兵出城，早晨改道进城，使突厥误以为援兵源源不断地到达，突厥军队只好退兵。

617年7月，李渊率军3万在太原正式起兵。随后，李渊便以进军关中拿下长安为最终目标，西进的第一个障碍便是西河郡。然而，李建成和李世民兄弟两人仅用了九天就攻下了西河郡，这让李渊十分高兴。

随后，李渊又建立了自己的军事机构：设置大将军府，自称大将军。长子李建成为陇西公、左领军大都督，统领左三军；次子李世民为敦煌公、右领军大都督，统领右三军；裴寂和刘文静为长史司马。

李渊发动的第二战役是进攻霍邑。李渊担心霍邑的宋老生守城不出，打持久战，对自己不利，于是就派两个儿子领几十名骑兵进城观察，而自己却将部队分成十几队，从城东南到西南，摆出一副攻城的架势。

宋老生果然中计，以为李渊要攻城，便领兵3万出战。李渊领兵假装后退，让李建成和李世民领兵迅速抢占东门和南门，切断了宋老生的退路。

交战过程中，李渊还散布宋老生已经战死的谣言，动摇霍邑的军心。果然，隋军大败，李渊顺利占领了霍邑。

此后，李渊听从李世民的建议，直接进入关中，分兵攻打长安。在招降长安失败后，李渊便下令攻城。占领长安后，李渊又下令禁止掳掠百姓，受到百姓们的热烈欢迎。

617年11月，李渊拥立隋代王杨侑为帝，即隋恭帝，改元义宁，尊在江都的隋炀帝为太上皇。李渊为大丞相，封唐王，以武德殿为丞相府；李世民为秦王。这其实就是李渊日后自己称帝的一个过渡。

618年5月，隋炀帝杨广的右屯卫将军宇文化及在江都发动兵变，勒死了隋炀帝杨广。隋炀帝杨广一死，李渊也就不再需要隋恭帝这个傀儡了。618年，李渊逼杨侑禅位，自己称帝，建立唐朝，改年号为武德，定都长安。

唐王朝虽然建立了，但许多地方还处于分裂之中，农民起义军和隋朝的残余将领也是割据各地。因此，唐高祖李渊在长安安定之后，便开始了长达十年的统一战争。

当时，薛举曾为隋朝金城郡的豪绅。617年，他先称西秦霸王，后又自称皇帝，占据了全部的陇西地区，兵力达十多万人。薛举起兵后，也想取代隋朝，自己做皇帝。

617年12月，李世民率兵在扶风将薛举打败，将唐王朝的势力扩充到陇右一带，进一步稳定关中局势。

在扫平薛举之后，李渊又开始对付割据河西的李轨。

在李渊建立唐朝之际，李轨也曾称帝。618年，李渊为了进攻薛举，曾先派人与他结盟通好。李轨非常高兴，主动让自己的弟弟到长安做人质，李渊封其为凉王。

但是，当册封使节到达时，李轨的下属对是否接受唐朝册封却产生了分歧。李轨没有听信部下的话，但又不肯屈居李渊之下，对李渊自称“大凉皇帝臣轨”。虽然用了“臣”，但李渊并不领情，因为他不能允许还有一个皇帝存在，于是加紧了对李轨的征讨。

为了避免战争，李渊派安兴贵前往劝说李轨投降。安兴贵是李轨的户部尚书安修仁的哥哥。李轨听了安兴贵的劝说后，不但没有改变主意，反而认为安兴贵是为了报答李渊的恩情才来劝说他的。安兴贵害怕李轨杀了自己，便和哥哥一起谋划，最后发动兵变，俘虏了李轨。河西就这样被平定了。

刘武周也是李渊的一个劲敌，他起兵较早，而且与突厥勾结，势力比较强盛。629年，刘武周联合突厥南下，占领了齐王李元吉统领的并州。李渊又派裴寂出击，也大败而归。

于是，李渊就想放弃并州这个地区，可是遭到次子李世民的反对。最后，李世民领兵出征，用坚壁清野消耗对方的战术，全面击溃刘武周的部队。刘武周逃到突厥后被杀。至此，唐朝又恢复了原来在河东地区的统治。消灭了周围的三个劲敌之后，李渊便将注意力投向中原。

李渊在中原的主要对手是王世充。王世充原来是隋朝的江都通守，隋炀帝杨广被杀之后，他拥立杨侗为帝，又打败瓦岗军。除了李密和部分军队外，其余的瓦岗军都被王世充收编。到619年，王世充自己称帝，建立郑国，定都洛阳。

李渊派李世民东征王世充，将王世充包围在洛阳一座孤城里。王世充无奈，就向北边的窦建德求援。可是不久，窦建德也被李世民击败，成了阶下囚。王世充绝望之下，只好献城投降。

窦建德死后，其部将刘黑闼又举兵反唐，不到半年的时间，就恢复了原来窦建德的领地。

李世民又奉命征讨，与刘黑闼所部两万人进行激战，从中午战到黄昏胜负不分。于是，李世民就命唐军决堤水攻，刘黑闼败退投奔突厥，然后又卷土重来。李渊命李元吉征讨，被刘黑闼击败。太子李建成又亲自出征，他采纳了谋士魏征的策略，安抚民心，最终瓦解了刘黑闼的部下。刘黑闼败退时被杀，河北和山东地区终于平定。

李渊在派李世民东征王世充的同时，还命大将李靖领兵南下，攻取长江中游的萧铣。然而，此时的萧铣为了防止众将夺其兵权，竟然说要罢兵经营农业，导致自己和部将之间的矛盾加深，许多将领都离他而去。

面对富有军事韬略的李靖的大举进攻，萧铣虽然因部将叛离而力量削弱，但也只得硬着头皮应战。李靖出奇制胜，在长江水涨、萧铣认为他不能用兵时，李靖偏偏说服众将趁机进军，大败萧铣军。萧铣最后听从了中书侍郎岑文本的劝告，投降了唐军。

杜伏威在江淮一带占据历阳自称总管。唐军围攻洛阳时，曾派人招降过他，杜伏威投降唐朝被李渊封为吴王。

杜伏威让属将辅公祏留下统领兵将，自己请求入朝，留在长安做了人质。几年后，辅公祏起兵反唐，自称皇帝对抗唐朝，结果李渊将杜伏威杀死，派大将李靖等讨伐。不久，辅公祏被当地武装抓获，送唐军营中处死，江淮地区也宣告平定。

李渊统治后期，广纳妃嫔，安于后宫享乐。有些妃子极力挑拨太子李建成与李世民之间的关系，李渊未能及早制止，反而听信谗言，致使兄弟之间反目成仇、兵戎相见，并最终引发玄武门政变。

626年夏，突厥犯境，太子李建成向李渊推荐齐王李元吉为出征元帅，想借此把秦王府的精兵骁将掌握在自己手中，然后除掉秦王李世民。不料，李建成的这一阴谋被李世民得知。李世民先发制人，密告太子、齐王霍乱后宫，李渊决定次日诘问。

次日，李世民在玄武门设下伏兵。当太子李建成和齐王李元吉途经玄武门时，李世民及部下将其杀死，并让心腹尉迟敬德带甲入宫报告李渊。

此时，李渊正与大臣萧瑀、裴寂坐在一只小龙船上，荡漾在南海池中。他见尉迟敬德全副武装立在岸边，十分惊骇。尉迟敬德说：“太子和齐王造反，秦王已把他们处死，特派我前来保驾。”李渊听后，惊得目瞪口呆。

这时，旁边的萧瑀等赶忙劝李渊不妨把国事托付给秦王李世民，尉迟敬德也敦促李渊下诏，令诸军悉受秦王节制，以便制止东宫和齐王府军队的骚乱。李渊无奈，被迫写下诏书，命令所有军队悉听秦王处置，并诏立李世民为太子。此时，局势基本已经被李世民控制。李渊无奈，表示愿意早些退位。

秦王李世民即位，年号贞观。李世民即位后，积极平息内乱，使唐王朝统治逐渐稳定下来。

贞观四年（630）三月，突厥来犯，唐朝大将李靖、李勣奉命出击，大败突厥，俘其颉利可汗，东突厥灭亡，唐朝的版图扩大到今天的贝加尔湖以北。

平定突厥之后，唐太宗又多次用兵西域。贞观八年（634），吐谷浑寇边，唐太宗派李靖、侯君集、李道宗等出击。次年，吐谷浑伏允可汗逃入沙漠，后为国人所杀，唐太宗另立吐谷浑国王。

贞观十三年(639)，唐太宗以高昌王麹文泰西域朝贡，命侯君集、薛万彻等率兵伐高昌。次年，高昌王病死，其子智盛继位，投降唐朝。于是，太宗在高昌首府交河城置安西都护府，西域各国皆到长安朝贡。

贞观十五年(641)正月，唐太宗在吐蕃赞普松赞干布的多次请求下，答应将宗女文成公主嫁给他，并派礼部尚书、江夏王李道宗护送公主入藏。松赞干布闻讯大喜，亲自从首都逻些(今西藏拉萨)来到河源(今青海鄂陵湖西)，以子婿之礼接见李道宗。他看到中国华丽的服装和壮观的仪仗，十分羡慕。从此，吐蕃和唐朝结为甥舅关系，相互学习，友好相处。在唐太宗的统治下，盛唐时期的繁荣局面得到了正式奠定。

□心灵物语

唐太宗能知人善用，广开言路，虚心纳谏，重用魏征等诤臣，开创了当时世界上最强盛的大唐王朝。因年号为“贞观”(627—649)，故史称“贞观之治”。这是唐朝的第一个治世，也为后来的开元之治奠定了坚实的基础。

回顾贞观王朝的灿烂文明史，我们很容易得出这样一个结论：中华民族曾经是世界上最先进的民族，中国人也曾经是最扬眉吐气的国民！当今天的中国人回首辉煌的过去时，我们应该采取什么样的态度呢？这话题值得我们深思。

□史海钩沉

唐朝的对外关系

唐朝建立后推行的是比较开明的外交政策。

794年，唐朝与南诏在点苍山会盟，双方建立了良好的关系。

贞观三年(629)，唐军降服东突厥，突利可汗投降，颉利可汗被俘，东突厥汗国覆亡。从此，大量的突厥人迁入长安，各游牧民族都尊称唐太宗为“天可汗”。东突厥的灭亡与归顺，也震动了西突厥与西域各国，一些西域小国也纷纷归附唐王朝。

641年，唐太宗李世民派人护送文成公主进入吐蕃，与赞普松赞干布成亲。其后，还有金城公主下嫁赞普赤德祖赞，并结成联盟，如同一家，唐朝还将先进的文化带到吐蕃。

822年，唐蕃会盟，划定了疆界，互不侵犯。如今，唐蕃会盟碑还保存在拉萨大昭寺内。

唐高宗显庆二年(657)，西突厥覆亡。至此，西域成为唐朝廷的势力范围。

在这期间，唐军与另一大帝国阿拉伯帝国也开始交往。随着时间的推移，到了8世纪中叶以后，唐朝在与阿拉伯帝国的交战中屡次失败，唐朝势力也逐渐退出了中亚沙漠地区。

唐朝时期，由于经济发达，文化也处于世界领先地位，与世界上的许多国家都进行着非常频繁的文化交流。朝鲜、日本等国还专门派留学生到长安学习。唐朝同阿拉伯地区的友好往来，也使绿宝石、胡椒、伊斯兰教等先后传入中国。

■文苑荟萃

出　猎

唐·李世民

楚王云梦泽，汉帝长杨宫。

岂若因农暇，阅武出轘嵩。

三驱陈锐卒，七萃列材雄。

寒野霜氛白，平原烧火红。
雕戈夏服箭，羽骑绿沉弓。
怖兽潜幽壑，惊禽散翠空。
长烟晦落景，灌木振严风。
所为除民瘼，非是悦林丛。

荥阳唐高祖太宗石刻像

宋·苏　辙

谁言肤寸像，胜力妙人天。
欲疗众生病，阴扶济世贤。
身微须覆护，眼净照几先。
岂为成功报，犹应历劫缘。

一代天骄成吉思汗

孛儿只斤·铁木真（1162—1227年），成吉思汗，庙号元太祖，孛儿只斤氏，名铁木真，蒙古族。古代蒙古杰出的政治家、军事家，统一蒙古各部。1206年，被推举为大汗，称成吉思汗，建立蒙古汗国。在位期间多次发动对外战争，征服地域西达西亚、中欧的黑海海滨，元朝建立后被追举为太祖。

南宋孝宗赵昚当了27年的皇帝，于1189年传位于赵惇，是为宋光宗。宋光宗在五年皇帝的生涯中，一直都是碌碌无为，后来又传位给第二个儿子赵扩，是为宋宁宗。

此时，北方的金国也换了两个皇帝。海陵王在采石矶之战被虞允文打败后，遭兵变被杀。此前在1161年，完颜雍已经称帝，是为金世宗。

金世宗称帝后，继续前几代国君的改革措施。1190年，金世宗驾崩，完颜璟继位，是为金章宗。到了金章宗的后期，金国的国势逐渐衰落。而在它的北边兴起了一个蒙古汗国，极大地威胁着金国的安全。

1206年，蒙古各个部落首领在斡难河（今鄂嫩河）边召开了一次盛大的集会，公推乞颜氏族的铁木真担任全蒙古的大汗，并且给他一个称号叫成吉思汗。“成吉思”是海洋的意思，也就是称铁木真是海洋一样的皇帝。

铁木真本是乞颜氏族部族酋长也速该的儿子。在他的幼年时期，金王朝统治者对蒙古族人民实行残酷统治，同时，蒙古内部各部落之间也互相争斗。也速该在与各部征战中，曾抓住塔塔尔部一个名叫铁木真的首领。为了纪念这次胜利，他给自己刚刚出生的儿子取名为铁木真。

铁木真9岁那年，父亲也速该带他到弘吉剌部族去求婚。按照蒙古族风俗，男子往往要留在女家入赘。弘吉剌部酋长同意了他们的求婚，铁木真就留了下来，也速该只好独自一人回家。他赶了一段路，肚子饿了，想找点东西吃，正好看见塔塔尔部人在草原上宴会，就下马走了过去，按照当地的风俗，参加了塔塔尔人的宴会。

塔塔尔人曾与也速该的乞颜族人打过仗，也速该还曾捉住他们的一个首领铁木真，并把自己的儿子取名铁木真。也速该当时没想到这一点，而塔塔尔人已然认出了这个仇人，便偷偷在也速该吃的食物里投了毒。也速该在回家途中毒性发作，勉强支持到家就死了。他在临死前知道中了塔塔尔人的暗算，就对妻子说："你一定要把孩子们抚养成人，教育他们继承祖业，报仇雪恨！"铁木真的入赘是象征性的，过了几天就回来了，父亲的死使他非常悲痛。

也速该死后，他的部落就散了伙，原来归附于该部的泰亦赤部也脱离了他们，还带走了许多也速该的奴隶和牲畜，铁木真的家境每况愈下。从此，铁木真的母亲带着几个幼小的孩子过着十分艰苦的生活。他们只能靠采集野果、挖野菜草根度日。铁木真聪明懂事，在艰苦岁月的磨炼下逐渐长大成人，并且逐渐聚集了一些族众。

泰亦赤部的首领担心铁木真会重新恢复乞颜氏部族，威胁到自己的地位，就纠集族众袭击铁木真一家和族众的驻地。他们害怕的只是铁木真，所以包围了他们全家后，宣称只要将铁木真交出来，其全家和族众可免受杀害。

铁木真为了不使家人和族众受难，就孤身一人逃入高山密林之中。泰亦赤人紧追不舍，把山林包围起来。铁木真在森林里躲了九天九夜，以草根野菜充饥。后来，他忍不住饥饿只得走出密林，被泰亦赤人抓住了。

泰亦赤人给铁木真戴上木枷，带到各个营帐里去示众。铁木真受尽了百般嘲弄和耻辱，他都咬着牙忍受下来。有一天，泰亦赤人在斡难河边举行宴会，只有一个年轻的看守监视他。铁木真趁看守不备，举起木枷把他砸昏而逃了出来，与母亲和兄弟相聚，躲进了森林里。

此后，铁木真还遇到两次大劫难，一次是马匹被强盗所抢，自己颈脖中箭，险些丧命；另一次是新婚不久，仇家偷袭，铁木真寡不敌众，指挥族人逃进森林，妻子被掳去。

铁木真为了救妻子，把妻子的珍贵黑貂皮送给克烈部族的首领王罕。王罕答应帮助他，同时铁木真的一个朋友札木合也愿意帮助他。于是，他们联合起来打败了铁木真的仇家，铁木真救回了妻子。

铁木真和札木合原是好朋友，但铁木真的势力渐渐强大，札木合的部下也来投奔铁木真，这就引起了札木合的忌妒。有一次，札木合的弟弟抢夺铁木真的马群，被铁木真部属所杀，双方反目成仇。札木合集合13个部共三万多人，攻打铁木真。

铁木真不甘示弱，将部下三万人分成13支队伍，抵抗札木合的进攻，在斡难河边草原上展开了一场血战。铁木真败了，札木合把抓住的俘虏尽行杀害，引起部下的不满，纷纷脱离札木合投奔铁木真。这次战争铁木真虽然失败了，但力量比以前更强大了。铁木真没忘杀父仇人，而塔塔尔族得罪了金国，铁木真便与金国一起进攻塔塔尔部，结果把塔塔尔部打得全军覆没。

从那以后，铁木真经过多次战斗，征服了蒙古高原其他部落，终于统一蒙古，被推为成吉思汗。

成吉思汗建国前，蒙古各氏族部落早已到处杂居了。随着战争的发展和部落贵族间的斗争，原来的部落组织因不断分裂而遭到破坏。大批原部落以外的人被吸收进来，各部被掳掠来的奴隶越来越多，新占领的地区也远远超出蒙古部原居地的范围。为了保障奴隶主贵族集团的既得利益，成吉思汗将新占领地区的人户编为95个千户，分封给开国功臣和贵戚，分别进行统治。

成吉思汗将一些千户分配给自己的母亲、诸弟和子侄，其余的千户则分为左、右两翼，由他直接统治。右翼各千户分布在直到阿尔泰山的蒙古西部地区，大体上相当于克烈、乃蛮、斡亦剌和汪古部的旧地，以博尔尤和博尔忽为正副首领(《元朝秘史》称为右手万户)。左翼各千户分布在直到大兴安岭的东部地区，以木华黎和纳牙阿为正副首领(《元朝秘史》称为左手万户)。征服鄂毕河至额尔齐斯河的森林部落以后，成吉思汗又封八邻部贵族豁儿赤为镇守林木中百姓的万户。在成吉思汗周围，还建立了一支直属于他的护卫中军，由纳牙阿任中军万户那颜。

在千户以下，又分为百户、十户。这种十进位的组织，分别由万户、千户、百户那颜(长官)统属。它已完全不是氏族部落的血缘组织，而是在新兴的蒙古汗国统辖下的各级军事、行政机构。军事系统和行政系统相结合，是蒙古汗国的一个明显特点。

成吉思汗建国前所设置的护卫军怯薛，后来发展成为蒙古国家中枢的庞大统治机构。成吉思汗把怯薛扩充到一万名，原来的80名宿卫扩充为1000名，70名散班扩充为8000名，与1000名作战时充先锋的勇士军合共万人，仍由阿儿孩合撒儿统领。

一万名怯薛军主要是由各级那颜和贵族子弟中选充，只有一小部分是选自平民(自身人)子弟。成吉思汗规定：怯薛千户子弟可自带10名随从，百户子弟可带5名，10户及一般贵族子弟可带3名。此外，各级贵族子弟都还可带来一名兄弟入卫。入卫的怯薛，都由依附民户供纳马匹和财物，负担科敛。

怯薛对外作战时，作为成吉思汗直接统领的主力掳掠人畜，优先获得财物；平时则作为蒙古汗国的实体附属物，捍卫着以成吉思汗为首的贵族统治，镇压被压迫者的反抗。怯薛分为四班，每三天轮流入值，每班由怯薛长统领。怯薛的职务还包括冠服、弓矢、饮食、文史、车马、庐帐、府库、医药、卜祝之事。怯薛长也协助处理国家事务，怯薛是汗的亲军，也是国家的中枢行政机构。四怯薛长由博尔忽、博尔术、木华黎、赤老温四人分任，号为“四杰”。

怯薛中的札鲁忽赤，可以说是具备国家雏形的专职官吏。成吉思汗建国以前，就已任命他的异母弟别勒古台为札鲁忽赤之长。建国以后，他又任命义弟失吉忽秃忽为最高札鲁忽赤，同时就札鲁忽赤的职权作出明确规定。他说：“当我被长生天护佑着，使天下百姓绥服时，你要给我作耳目，把天下住毡帐的、住房屋的百姓都分成份子，分配给母亲、我们、弟弟们和诸子侄，任何人都不得违背你的话。众百姓中如有盗贼诈伪的事，你惩戒着，可杀的杀，可罚的罚。”又说：“凡是将众百姓分成份子和断了的事都要写在青册上。经过失吉忽秃忽和我商量拟议过而写在青册白纸上的，直到子孙万代不许更改，更改的要治罪。”札鲁忽赤汉译为“断事官”。从成吉思汗规定的职权范围看，它具体负责属民的分配和罪犯的判决，后来逐步形成兼管财政和司法的官职。

在蒙古建国前，部落首领发布的号令称为“札撒”。据《集史》（第一卷第二册）记载，成吉思汗在1203年战胜王罕以后，“召开了大会，制定了完美而确切的札撒”。1218年西征以前，他又召开了忽里勒台，“在他们中重新规定了规章（额延）、法律（札撒）和自古以来的习惯法（约孙）”。随着大汗权威的不断提高，成吉思汗的命令被记录下来就是札撒，并被奉为神圣的法律条规。札撒具有保护私有财产和奴隶主贵族利益的强烈阶级性，它确认奴隶主的父权、夫权和财产继承权，以及可以任意处置奴隶的权力。奴隶反抗主人、私藏俘虏和逃奴、私自给囚犯衣食、临阵退缩等，都要处以极刑。札撒对巩固新建的奴隶制国家和奴隶主的统治起了显著的作用。

蒙古国原来是没有文字的，每次调发兵马都要用结草或刻木记事。1204年，成吉思汗战胜乃蛮时，捉到了乃蛮的掌印官塔塔统阿。塔塔统阿借用畏兀儿文（回鹘文）的字母拼写蒙古语，创造了蒙古族的文字，并教给蒙古贵族子弟们学习。蒙古文字的创造，也成为蒙古历史上的一个重大创举。

成吉思汗还从塔塔统阿那里学会了使用印章以为信验的办法；同时，成吉思汗又采用了金朝通用的符牌制度，把汗的旨意（札儿里黑）刻在牌子上，作为平时调发兵马、传达命令的凭据。

虽然新建立的蒙古国家制度还很不完备，且较为原始，但是，蒙古国家的出现结束了草原长期以来的部落纷争，蒙古社会也由此进入阶级社会，确立了奴隶制。

心灵物语

成吉思汗通过半生戎马征伐，终于建立了统一的蒙古汗国，这是蒙古族历史，也是全中国历史上的一个重大事件。它对中国各民族的发展，以及欧、亚两洲许多国家的发展，都产生了深远而重大的影响。

史海钩沉

成吉思汗一生中唯一的战败

铁木真18岁时，昔日的仇敌蔑儿乞部的脱脱部长抢走了他的妻子。铁木真非常愤怒，领兵向蔑儿乞部开战，并打败了蔑儿乞人。

1184年前后，由于铁木真很有才能，被推举为蒙古乞颜部的可汗。然而，铁木真称汗之事却引起了雄心勃勃的札木合的忌恨，札木合便集合塔塔儿、泰赤兀等十三部向铁木真发动了“十三翼之战”，打败了铁木真。这也是铁木真一生所经历的60余场战争中的唯一一次战败。

■文苑荟萃

成吉思汗陵

成吉思汗陵坐落在内蒙古鄂尔多斯市伊金霍洛旗甘德利草原上，距东胜区70千米。

蒙古族人死后，是盛行“密葬”的，所以真正的成吉思汗陵究竟在何处始终是个谜。如今的成吉思汗陵乃是一座衣冠冢，经过多次迁移，直到1954年才由湟中县的塔尔寺迁回故地伊金霍洛旗。这里绿草茵茵，一派草原特有的壮丽景色。

如今，成吉思汗陵已经成为内蒙古的一处旅游景点。

过成吉思汗驿

清·袁金铠

成吉思汗地，犹留怪杰踪。
一龙极夭矫，万马昔横冲。
余亦能过此，昔人不可逢。
山川剩陈迹，瞻眺扩诗胸。

第二篇

知名企业创业路

“全聚德”的成名史

杨全仁（1822—1890年），名寿山，字全仁，“全聚德”烤鸭店创始人，河北衡水冀州区杨家寨人。在他的苦心经营下，“全聚德”不断发展，由一个普通的烤炉铺发展成为一个以挂炉烤鸭为特色、兼有各式炒菜的名副其实的餐馆，为“全聚德”烤鸭的发展及名扬海内外奠定了坚实的基础。

“全聚德”烤鸭店的创始人是杨全仁。他刚刚到北京时，曾在前门外肉市街贩生鸡鸭买卖。

杨全仁是个很精明的人，对贩鸭之道揣摩得精细明白，因此生意也是越做越红火。他平日省吃俭用，逐渐有了一些积蓄。

杨全仁每天到肉市上摆摊售卖鸡鸭时，都要经过一间名叫“德聚全”的干果铺。这间铺子的招牌虽然醒目，可是生意却江河日下。到了同治三年（1864），“德聚全”的生意更是一蹶不振，濒临倒闭。精明的杨全仁抓住这个机会，拿出自己多年的积蓄，买下了“德聚全”的店铺。

有了自己的铺子，杨全仁便合计着为铺子起一个响亮的名字。他请来一位风水先生，风水先生围着店铺转了两圈，突然站定，捻着胡子说：“啊呀，这可真是一块风水宝地啊！您看，这店铺两边的两条小胡同就像两根轿杆儿，将来盖起一座楼房，便如同一顶八抬大轿，前程不可限量！”

这时，风水先生眼珠一转，又说：“不过，以前这间店铺甚为倒运，晦气难除。除非将其‘德聚全’的旧字号倒过来，即称‘全聚德’，方可冲其晦气，踏上坦途。”

风水先生的一席话，说得杨全仁眉开眼笑。“全聚德”不但响亮，而且也十分合他的心意，一来是他的名字中占有一个“全”字，二来“聚德”就是聚拢德行，可以标榜自己做买卖讲德行。

于是，杨全仁就将这个店铺的名号定为“全聚德”。接着，他又请来一位书法颇有造诣的秀才——钱子龙，书写了“全聚德”三个大字，制成金字匾额，挂在店铺的门楣之上。那字写得苍劲有力，浑厚醒目，为这个不起眼的小店铺增色不少。

在杨全仁的精心经营下，全聚德的生意蒸蒸日上。当他得知专为宫廷做御膳挂炉烤鸭的金华馆内，有一位姓孙的老师傅，烤鸭技术十分高超，就千方百计与这位孙师傅交朋友。他们经常在一起饮酒下棋，相互间的关系越来越密切。孙师傅终于被杨全仁说动，在重金礼聘下来到全聚德。

全聚德聘请到了孙师傅，就等于掌握了清宫挂炉烤鸭的全部技术。经孙师傅烤出来的鸭子，不仅外形美观，丰盈饱满，颜色鲜艳，色呈枣红，而且吃起来皮脆肉嫩，鲜美酥香，肥而不腻，瘦而不柴。这也为全聚德烤鸭赢得了“京师美馔，莫妙于鸭”的美誉。

1993年5月20日，中国北京全聚德集团的组建，翻开了全聚德历史的崭新一页。

全聚德集团成立以来，按照当年周恩来总理对全聚德“全而无缺，聚而不散，仁德至上”的诠释，发扬“艰苦创业、开拓创新、争创一流”的精神，扎扎实实地进行体制创新、机制创新、管理创新、营销创新、科技创新、文化创新、精神文明建设创新等七大创新活动。

近年来，全聚德的品牌价值不断提升。2005年1月，北京全聚德烤鸭股份有限公司更名为中国全聚德（集团）股份有限公司。2007年4月，北京著名老字号餐饮企业仿膳饭庄、丰泽园饭店、四川饭店也并入全聚德股份公司。至此，中国全聚德（集团）股份有限公司已发展成为涵盖烧、烤、涮，川、鲁、宫廷、京等多口味，汇聚京城多个餐饮老字号品牌的餐饮联合舰队。

2007年6月28日，在由世界品牌实验室、世界经济论坛召开的世界品牌大会上，全聚德荣获中国500个最具价值品牌称号，排名第56位。在中国餐饮业500强中，全聚德排名中式正餐之首。

心灵物语

民族的才是世界的，北京老字号全聚德烤鸭凭借着优良的传承、精湛的工艺、国家的大力支持，已经从中国走向世界，成为中国饮食文化被全世界认知的一条纽带。在这些辉煌的荣誉、成绩背后，我们不能忘记全聚德背后那些兢兢业业、孜孜不倦为其腾飞而艰苦创业的先辈们！

史海钩沉

全聚德牌匾中的“德”字为什么少一横

杨全仁买下“德聚全”的铺子后，将铺子的名字更改为“全聚德”，并请了一位名叫钱子龙的秀才题写匾额。

这块匾额几经风雨，一挂就是100多年。可是，全聚德牌匾上的“德”字却少了一横。这是为什么呢？

有人推测说，当时杨全仁在把钱子龙请来后，两人对饮开怀。由于钱秀才多喝了两杯，精神有些恍惚，一不留心，“德”字就忘写了一横。

还有人说，当时杨全仁刚创业，一共雇了13个伙计，加上自己一共14个人。为了让大家安心干活，同心协力，所以就让钱秀才少写一横，表示大家心上不能横一把“刀”。

当然，以上说法都只是传说。其实早在1000多年前，“德”就有两种写法，可以有一横，也可以没一横。比如，现立于北京国子监孔庙的清朝康熙皇帝御书《大学碑》中的“德”字，就缺少一横。

文苑荟萃

满汉全席

满汉全席是我国一种具有浓郁民族特色的巨型宴席，既有宫廷菜肴之特色，又有地方风味之精华；既突出了满族菜点的特殊风味，又展示了汉族烹调的特色，扒、炸、炒、熘、烧等兼备，可谓中华菜系文化的瑰宝。

满汉全席原是官场中举办宴会时满人和汉人合坐的一种全席。满汉全席上菜时，一般起码为108种（南菜54道和北菜54道），分三天吃完。

满汉全席中的菜式有咸有甜、有荤有素，取材广泛，用料精细，可以说是山珍海味无所不包。

大庆精神励后人

王进喜（1923—1970年），甘肃省玉门市赤金堡人。大庆人的杰出代表，中国石油工人的光辉典范，中国工人阶级的先锋战士，中国共产党人的优秀楷模，中华民族的英雄。他为祖国石油工业的发展和社会主义建设立下了不朽功勋，在创造巨大物质财富的同时，还给我们留下了宝贵的精神财富——铁人精神。

大庆位于黑龙江省肇州县，原来名叫大同镇。1959年底，为了纪念国庆十周年以及松基三井喜喷原油，黑龙江省人民委员会遂将大同镇改名为大庆。从此，中国大地便出现了一个与石油工业紧密相连的闪亮的名字：大庆。

1960年2月20日，中共中央批准石油工业部关于在大庆地区进行石油勘探开发大会战的报告。

在我国的第一个五年计划期间，石油工业部门是唯一一个没有完成计划任务的单位。石油职工们看到首都北京大街上的一辆辆公共汽车顶都背着鼓鼓囊囊的煤气包，心里感到很难过，都憋着一股劲儿，一定要改变石油工业的落后面貌。

当大庆石油会战设想被提出来后，引起了党中央的高度重视。大庆石油会战的报告经中共中央批准后，3万名退伍军人和全国37个石油厂矿、院校的四万多人在萨尔图誓师，从而拉开了石油大会战的序幕。

初春的东北，依然天寒地冻，石油职工们一无房屋，二无床铺，更缺乏必要的机械设备。然而，大庆工人们热情高涨地说："有条件要上，没有条件创造条件也要上！"

就这样，千军万马、人拉肩扛，大庆工人们硬是在荒凉的东北松嫩平原上挖出了一个大庆油田。

在石油会战中，涌现出以王进喜、马德仁等为代表的"五面红旗"。马德仁带领的1202钻井队曾被誉为"石油战线上永不卷刃的尖刀"。王进喜在"宁可少活20年，拼命也要拿下大油田"的誓言下，带领1205钻井队，创造了只用5天零4个小时就钻完1020米设计井深的最高纪录。在突然发生井喷时，为了保住钻机和设备，王进喜和战友跳进泥浆池，用身体搅拌，被人们称为"铁人"。

就是靠着这种精神，到1960年底，大庆油田基本面积和储量已被探明；1963年，中国终于甩掉了"贫油"的帽子，基本实现了石油自给。

从这之后，大庆油田每年的原油产量都在四五千万吨左右，大约占我国石油总产量的一半，确保了我国的石油供应。大庆精神，从此也为时代所推崇。

心灵物语

江泽民同志曾把大庆精神概括为"为国争光、为民族争气的爱国主义精神，独立自主、自力更生的艰苦创业精神，讲求科学、'三老四严'的求实精神，胸怀全局、为国分忧的奉献精神"。大庆精神是多么可贵，它永远激励着我们后辈艰苦创业、奋发图强，永远是我们中华民族应该继承的宝贵财富！

史海钩沉

大庆油田的发现

1959年9月25日，我国从东北松辽盆地陆相沉积中找到了工业性油流。因适逢新中国成立十周年国庆，故以“大庆”命名该油田。

从1960年起，经三年多的努力，勘测人员探明了大庆油田的地质储量并投入开发。同年12月，周恩来总理庄严宣布：我国需要的石油，现在已经可以基本自给了。中国人民使用“洋油”的时代，即将一去不复返了。

大庆油田的勘探和开发不仅有力地驳斥了“中国贫油论”，展示了石油工业的广阔前景，而且证明了我国独创的石油地质理论（“陆相沉积”生成大油田的理论）的正确性。

文苑荟萃

世界冠军要咱当

大地回春练兵忙，磨好刀枪整好装。
只待战令一声下，跃马扬鞭上战场。
庄稼喜雨花朝阳，会战全靠共产党。
中华民族站起来，世界冠军要咱当。

丁强与天威集团的改革

丁强（1954—），中共党员，经济学硕士、高级经济师。

天威保变电器股份有限公司位于河北省保定市，处于“京津石”三角地区中心位置，铁路、公路四通八达，海运、空运更是极具优势。

1999年，丁强就任保定天威保变电器股份有限公司董事长兼总经理、党委书记。当时，国内变压器行业竞争非常激烈，世界各大著名电气公司也纷纷涌入中国，谋求更好的空间，从而使中国变压器制造业面临着前所未有的挑战。可以说，那时的天威保变正处于生存与发展的关键时刻。

丁强上任后，便以“立足产业报国、铸就世界品牌”为己任，坚持“以人为本、自主创新”的理念，带领公司3000多名员工经过几年的奋斗与发展，使天威保变成为世界上拥有变压器核心技术最齐全、掌握世界最尖端变压器技术的企业，并且连续多年蝉联单厂产量世界第一。

同时，丁强上还为企业制定了三个目标：公司要上市，产品要上三峡工程，要盖22栋员工宿舍楼。在很多人看来，这三个目标是想都不敢想的。然而，丁强提出的这三个目标在2001年全都顺利地实现了。

2001年后，丁强又打破很多老国企普遍存在的短期计划的盲目性，制定了天威保变“三步走”的长期规划，将提高自主创新能力作为科学发展的战略基点和调整结构、转变增长方式的中心环节来抓，从而使天威保变走上了一条科技创新的道路。

为了能够吸引更多的人才到天威保来，天威保变先后与河北工业大学、清华大学等分别组建了“热土研究所”和“清华天威电工技术研究所”，并吸引了多名教授、博士、硕士等参与到产品的研发中，实现了双方的优势互补。

2006年10月9日，59个国家和地区的千余名生产力理论和实践者，参加了在辽宁省沈阳市召开的第十四届世界生产力大会。会上，天威产品被推选为“2006世界市场中国（电气）十大年度品牌”，而天威的领头人丁强也荣膺“2006年推动中国品牌国际化50人”的光荣称号。

2006年9月28日，天威集团隆重召开“十五”期间自主创新成果表彰大会。会上，天威有16项自主创新成果和15名“自主创新标兵”受到了隆重的表彰。

丁强认为，人才是一个企业发展和进步最宝贵的，也是生产力要素中最积极、最活跃、最具决定作用的要素。在丁强看来，在经济全球化带来的机遇与挑战中，谁能拥有人才，谁就拥有了发展的不懈动力，谁也就拥有了强大的市场竞争力和市场主动权，谁就能真正拥有财富。只要企业培育造就了多层次、多类型创新的人才队伍，就能够保持企业长期繁荣和发展。

基于这一点认识，丁强经常鼓励员工要树立“终身学习”的理念，以学习提升自身素质和产品创新能力。同时，天威保变也十分重视人才培养，先后派出600多人次到国外进行技术培训和考察，还不断与日立、德国西门子、ABB等国际知名企业进行技术引进与交流，并与清华大学、西安交通大学等高等院校和中科院电工所等科研机构联合培养高技术拔尖人才。

天威保变还经常在企业内部通过岗位学习、脱产培训、技术练兵、继续教育、轮岗锻炼、团队训练等卓有成效的形式，积极提高员工的整体技术和文化素质，从而培养出了一大批高中级人才与优秀的技工队伍，实施知识产权战略，鼓励科研创新，将企业带上了一条发展进步的快车道。

在天威保变科技人员的聪明才智完全可以在一种宽松、适宜和有序竞争的政策与人文环境中得以充分发挥。制造工人不仅可以按图纸生产产品，还可以就图纸提出自己的见解以及修改意见，这样就避免了设计与制造的脱节，将公司、部门与车间三级质量保证体系细化到每一个工序。

丁强常说，一个好的设计队伍，一个好的制造队伍，加上一个好的制度，便可以保证产品的高质量，这也是天威保变可以争做世界最好的输变电企业的坚实基础。

心灵物语

想要给一个企业带来新局面，需要新思想、新方法、新理念。丁强在天威集团大刀阔斧的改革，让我们看到了一个与原来截然不同的天威保变，我们也拭目以待，天威保变能否再创佳绩，成为全国最大新能源基地。

史海钩沉

红色之城保定

河北省保定市之所以被称为红色之城，是因为保定人民一直都有着光荣的革命斗争传统。

保定市阜平县曾建立了我国北方第一个红色政权——中华苏维埃阜平县政府。抗日战争时期，这里还建立了中国第一个敌后抗日民主根据地，被誉为“模范根据地的模范县”。这一时期，阜平为中共中央北方局、晋察冀边区和军区司令部所在地。毛泽东主席曾亲笔题词“抗日模范根据地”。

也正因为如此，才在中国现代文学史上诞生了以著名作家孙犁为代表的荷花淀派保定作家群。

在中国文学史上，《荷花淀》《红旗谱》《小兵张嘎》《敌后武工队》《青春之歌》《野火春风斗古城》《地道战》《狼牙山五壮士》《烈火金刚》《少年英雄王二小》等著名电影、文学作品，都与保定的名字一同享誉海内外，激励着一代又一代的中国人。

如今，保定建有三处全国爱国主义教育基地和五处国家级红色经典景区。

■文苑荟萃

长江三峡水利枢纽工程

长江三峡水利枢纽工程，简称三峡工程，是中国长江中上游段建设的大型水利工程项目。

三峡工程分布在我国重庆市到湖北省宜昌市的长江干流上，大坝位于西陵峡内的宜昌市夷陵区三斗坪，并和其下游不远的葛洲坝水电站形成梯级调度电站。

三峡水利枢纽工程是世界上规模最大的水电站，也是新中国有史以来建设的最大型的工程项目。

冯诗伟的“三步走”

冯诗伟，教授级高级工程师。1967年9月参加工作，历任兰州铝厂技术员、车间主任、厂工会主席、副厂长、厂长、党委书记。

在我国，兰州铝厂是一家重工业企业，也是有色金属冶炼行业大型企业。20世纪90年代末期，兰州铝厂由于技术落后，机制、观念等不能适应改革开放的需要，被国家下令限期整改。

1997年2月，冯诗伟接任兰州铝厂厂长。当时，兰州铝厂亏损额已经高达8935万元。在内外交困、职工队伍一度出现思想波动的形势下，冯诗伟勇担重任，带领一班人马知难而进，提出“调整、改制、创新、发展”的战略方针，高瞻远瞩地制定了“三步走”发展战略。

第一步，即从1997年到1999年，通过兼并重组和股份制改造，实现企业扭亏脱困目标。

第二步，即从2000年到2002年，通过股票上市、技改项目建设、千人转岗分流、企业整体改制，为企业发展奠定坚实的基础，从而保证企业的综合产能超过30万吨、资产总额超过30亿元、销售收入超过30亿元。

第三步，即从2003年开始，在3~5年时间内，加大投资力度，扩大企业生产规模，探索跨行业经营，实现“电、冶、加”一体化经营，从而将企业发展成为综合产能超过80万吨、销售收入超过100亿元、资产总额超过100亿元的大型工业化企业。

冯诗伟提出的企业“三步走”发展战略，切合企业的实际情况，也反映了广大职工的共同心愿。从1997年开始，在冯诗伟的带领下，经过全厂上线的顽强拼搏，兰州铝业如期实现了企业各阶段的奋斗目标，取得了多项骄人的业绩。

实践也证明，相当于企业“十年规划”的“三步走”发展战略，不仅科学地规划了兰州铝厂的奋斗目标，而且正确地指引了企业的各项改革措施，为兰州铝厂步入良性循环发展轨道发挥了积极作用。

冯诗伟不仅是一名优秀的企业管理者，更是一名出色的技术专家。在他的主持下，兰州铝厂完成了“铝电解集散式微机控制系统”。这一系统采用了先进的集散式控制技术，选用进口的可编程控制器，实现了槽温、电流、电压的自动化控制，在全厂上下556台电解槽推广应用后，年创直接经济效益达400多万元，从而获得甘肃省科技进步二等奖。

在冯诗伟的主持下，兰州铝厂还完成了“侧插自焙铝电解新型阳极糊研制与应用”项目，科研组有针对性地在阳极糊添加剂、沥青配比和骨料配方方面进行了综合研究，先后研制开发出氟化铝阳极糊、28%沥青含量阳极糊、26%沥青含量阳极糊等系列产品。这一成果属国家首创，技术水平更是居国内领先地位，从而获得甘肃省科技进步三等奖。

冯诗伟主持完成的“侧插自焙铝电解槽干法净化技术创新与应用”成果，于1998年获得了原有色金属兰州公司科技一等奖，1999年又获得了甘肃省科技进步二等奖。

进入新世纪以来，针对企业原自焙铝电解槽能耗高、污染严重、被国家纳入限期治理之列的现状，冯诗伟又提出运用高新技术改造传统铝冶炼产业的发展思路，极大地提升了兰铝的工艺技术及装备水平，在甘肃省率先运用高新技术改造传统铝冶炼产业。

1997年，新一届领导班子上任。在冯诗伟的提议下，经职代会讨论通过了《全心全意依靠职工办企业实施细则》。同年，当兰州铝业准备兼并比自己人数更多、所处地点更偏僻、亏损严重的西北铝加工厂时，刚开始职工们都感到不理解，冯诗伟便将实际情况悉数告诉给全体职工，让职工们就兼并的利弊充分讨论之后，又在全厂开展了千人问卷调查，最终兼并谋略经职代会讨论全票通过，随后才付诸实施。

实践证明，这是一次真正有市场意义的、非常成功的大兼并，兰州铝业从中也获得了宝贵的发展机遇和广阔的发展空间。而那些被兼并的企业，也因此走上了振兴和发展的道路。

2007年5月，冯诗伟离开了兰州铝业，开始担任中国铝业公司专家咨询委员会委员。此时，正值兰州铝业总公司重大战略转变——着手打造多金属国际化矿业公司的重要发展阶段。为此，冯诗伟每天坚持学习，努力提高自己，不断加强自身建设，主动适应新形势、新任务的要求。还在自己的工作领域内不断提出各种意见，为总公司的发展出谋划策，充分发挥了参谋、智囊作用。

心灵物语

冯诗伟构筑企业“十年规划”的“三步走”发展战略，不仅科学规划了企业的奋斗目标，而且正确指引了企业的各项改革，为企业步入良性循环的发展轨道乃至近年来的持续快速发展发挥了积极作用。

史海钩沉

古丝绸重镇兰州

兰州是古代丝绸之路上的重镇。早在5000多年前，人类就在这里繁衍生息。西汉时期，开始在兰州设立县治，因取“金城汤池”之意，将其称为金城。隋朝初年，改置兰州总管府，始称兰州。

自汉代至唐、宋时期，随着丝绸之路的开通，出现了丝绸西去、天马东来的盛况，兰州也逐渐成为丝绸之路的交通要道和商埠重镇，也是联系西域少数民族的重要都会和纽带，在沟通和促进中西经济文化交流方面发挥了重要的作用。

古丝绸之路的开通，使兰州留下了众多的名胜古迹和灿烂的文化，从而吸引了大批中外游客前来观光旅游，使兰州成为横跨2000千米，连接敦煌莫高窟、天水麦积山、张掖大佛寺、永靖炳灵寺、夏河拉卜楞寺等著名景点的丝绸之路的旅游中心。

随着新欧亚大陆桥的开通，尤其是西部大开发战略的实施，重新构筑起现代的丝绸之路，兰州作为我国东西合作交流和通往中亚、西亚、中东、欧洲的重要通道，战略地位更加突出，有效地发挥着承东启西、联南济北的重要作用。

文苑荟萃

铝镁合金

铝镁合金的主要元素是铝，再掺入少量的镁或是其他的金属材料来加强其硬度。因本身就是铝合金，其耐久度、耐腐蚀性、强度、导热性能尤为突出。铝镁合金质坚量轻、密度低、散热性较好、抗压性较强，其硬度是传统塑料的数倍，但重量仅为后者的三分之一。

冯海良和他的海亮集团

冯海良（1960—），汉族，浙江省诸暨人，历任海亮集团有限公司董事局主席、中国有色金属工业协会理事、中国有色金属加工工业协会副理事长、浙江省民营科技实业家协会理事会副理事长。

1989年8月，冯海良创办了海亮集团有限公司，集团总部位于浙江省诸暨市。2007年，该公司被评为“中国企业500强”“中国最具竞争力民营企业50强”。

20世纪80年代末，神州大地涌动着市场经济的滚滚洪流。1989年底，目光敏锐的冯海良从刚刚兴起的店口五金行业中看到了商机。他审时度势，把握机遇，毅然辞去了供销社经理的工作，筹集了16.5万元的资金，办起了诸暨县铜材厂（今海亮集团有限公司前身，以下简称海亮）。

刚刚创办起来的诸暨县铜材厂，是一个作坊式的小加工厂，既没有资源优势，也没什么政策扶持，产品档次低，技术短缺，资金不足，生产经营活动更是捉襟见肘。

作为创办人的冯海良，白天跑采购进原料抓生产，晚上找来财税、法律、有色金属等方面的书籍，抓紧一切时间学习。对于那些不能理解的地方，他就虚心向别人请教；对于别人提出的批评意见，他也认真听取，然后潜心分析研究。很快，冯海良就成为厂里真正的“舵手”和铜材加工领域的行家。在他的带领下，企业规模迅速扩大，很快便成为诸暨铜加工行业的小“龙头”。

经过两三年的发展，工厂的规模日益发展壮大，周边市场也基本达到了饱和。如何拓展外地业务，寻找新的发展空间，成为海亮必须面对的问题。

为了节约费用，掌握第一手市场信息，冯海良常常往返于大江南北的大小工厂，千方百计地推介自己的产品。在冯海良的不懈努力下，许多大企业的领导被感动了，他们开始转变对民营企业的认识，与冯海良的企业建立起了广泛的业务关系。而海亮也因为企业信誉好，产品价格合理，服务到位，赢得越来越多客户的信赖，产品的销路也变得日益通畅。

1998年，冯海良开始进行大规模的并购扩张。经过充分的调研和论证，冯海良发现，市场萧条期大量“关停并转”的中小型铜加工企业都是由于缺技术、少资金而处于“休眠休克”状态。冯海良大胆决策，对这些企业实施兼并收购，然后再进行整体嫁接移植，统一用海亮文化加以整合，用海亮管理模式进行指导，用海亮技术和工艺进行装备。

当时，浙江省东阳的一个全国知名企业要出售，冯海良以90万元购得一套先进设备。与此同时，桐乡一家铜管厂的全套生产设备较好，但由于市场和技术的原因想卖掉，冯海良考虑到土地、厂房的售价以及今后市场的变化，提出了“设备买下、厂房租用”的思路，大大节省了海亮的运营成本，同时还降低了风险。

1999年上半年，上虞铜材有限公司经营出现严重的困难，冯海良获悉这一情况后，亲自前往考察，迅速作出了租用该企业的决策，再次实现了低成本扩张。

冯海良不断地兼并企业，扩大生产能力，通过一次次并购，借力发力，壮大了海亮集团的经营实力。至此，一个跨区域的铜材大企业初具雏形。

为了满足日益“挑剔”的市场需求，加快新产品研发，创建属于海亮自己的品牌，1999年，冯海良成立了浙江海亮铜加工研究所，专门为海亮集团研发新产品。冯海良还积极组织技术人员，着手开发覆塑铜水管、空心连铸铜水管等水暖器材，一举打破日本、韩国企业在东南亚市场的垄断地位。一些国际知名水暖卫浴洁具公司也相继成为海亮的客户；内螺纹铜管模具的研制成功，改变了我国内螺纹高档铜盘管依赖进口的被动局面。

从此，海亮彻底摆脱了“大路货”，走上了“高精尖”品牌的发展道路，不仅占据了国内市场的高端产品位置，产品还批量出口国际市场。冯海良所期盼的行业龙头地位由此得到了巩固。

随着海亮规模迅速扩大，产值利税大幅增加，行业地位直线提升，品牌声誉远播，企业走上了快速发展的轨道。此时的冯海良，表现出了一个企业家所特有的战略敏感。别人都在忙着要产量，他却把注意力投向质量。

冯海良认为，质量是企业发展的根基。无论什么时候，根基坏了，多高的大厦都有坍塌的危险。有一次，冯海良到国内一家知名大企业拜访客户，听取信息反馈。在总经理的办公室，那位客户诡秘地笑着说：“你终于被我们给抓住了。”

原来，海亮公司提供的两根铜管在生产过程中检出有“泄漏”，按照规定，必须要接受质量处罚。按照“行规”，海亮被处罚了4000元。

这虽然是一件小事，但对于善于总结规律、透过现象把握本质的冯海良来说，却是一件“大事”。

为了解决企业产品的质量问题，冯海良成立了QC小组，并亲自上阵抓质量工作，努力改进和完善产品品质。公司先后被评为全国用户满意企业、全国质量效益型先进企业。

随着中国加入世贸组织，为了让更多的海亮产品走向世界，2002年，冯海良在公司内部成立了外贸部。2004年，冯海良又对外贸部进行改组，成立了浙江海亮国际贸易有限公司，划分亚洲、欧洲、北美、中东、大洋洲等销售区域，采用分区域市场拓展模式。为了拓展外贸业务渠道，冯海良先后派人赴意大利、美国、德国、俄罗斯、迪拜等国家和地区参展，增加了许多贸易机会，从而扩大了海亮公司产品和企业的国际知名度。

2008年1月16日，中国证券市场新股首发上市第一股花落海亮，标志着海亮从此正式走向资本市场。

冯海良认为，在企业发展过程中，3~5年的企业靠老板的胆识和魄力，5~10年的企业靠市场机遇，10年以上的企业靠团队精神，而20年以上的企业则必须靠文化战略。纵观世界百年企业，积淀下来的无非就是文化。因此，冯海良深悟为企之精髓，他居安思危，以创建“百年海亮”的战略眼光审视企业文化建设，要把“虚”的做“实”，把“实”的做“活”，把“无形”的“有形化”，把“有形”的“人性化”。通过强化人本文化、品牌文化和制度文化建设，构筑大企业大文化体系，以海纳百川的气概，兼容并包广纳人才，实现海亮文化的主流发展和多元发展，建设企业长远发展的基础平台，并通过优秀企业文化的传承用创新精神武装员工头脑，以充满创新思维的团队打造“百年海亮”的优秀品牌。

“诚信经营，从我做起”，冯海良在全国民企中率先为诚信订立制度，出台了《应付账款管理办法》等管理制度，深受用户的好评，并被全国二十多家媒体先后报道。诚信，既是冯海良的经营理念，也是海亮企业品牌快速传播、成为知名品牌的保证。

经过多年的艰苦创业和奋力拼搏，冯海良也赢得了众多的荣誉，先后被评为中国经营大师、中国优秀民营科技企业家、全国乡镇企业家、中国民营企业杰出代表、2002年度中国有色金属加工业突出贡献人物、2003年度中国有色行业有影响力人物、浙江省创业企业家、浙江省劳模、浙江省民营经济功勋人物等，被推荐为国际铜加工协会董事会董事、中国有色金属工业协会理事、中国有色金属加工工业协会副理事长、中国铜加工发展中心副理事长、浙江省企业联合会副会长、浙江省经营管理研究会副会长、浙江省民营科技实业家协会理事会副理事长等。

冯海良所用心经营的海亮集团，也在同行业中取得了骄人的业绩。2001年，海亮荣登“中国有色金属最大经营规模乡镇企业100家”榜首；2002年，海亮全年铜加工材总产量达到12万吨，成为中国历史上首家年产量突破10万吨的铜加工企业；2004年，海亮发展成为国内最大的铜管、铜棒生产供应基地之一；2006年，海亮在中国500强企业中排名第186位。

与此同时，海亮还先后被评为国家重点高新技术企业、国家行业标准起草单位、全国用户满意企业、全国重合同守信用单位、全国安康杯竞赛优胜企业、全国模范劳动关系和谐企业、浙江省人民政府“五个一批”重点骨干企业、浙江省冶金行业十佳优秀单位、浙江省行业最大贡献企业、浙江省诚信示范企业、浙江省经营管理示范单位、中国农业银行浙江省分行黄金客户和百佳信用企业等。

心有多大，胸怀有多广，舞台就有多宽。冯海良的眼中是世界，心中装满了全球的铜，他的目标是做世界“铜加工业巨人”。

心灵物语

冯海良在艰苦创业过程中力排万难，不怕苦、不怕累，在获得诸多荣誉的同时也造福了一方百姓，这些荣誉对于冯海良来说当之无愧，他的创业精神令人钦佩！

中国有色金属工业协会

中国有色金属工业协会正式成立于2001年4月，是经国务院主管机关批准并核准登记注册的全国性、非营利性、行业性的经济类社会组织，是依法成立的社会团体法人。

中国有色金属工业协会坚持党的基本路线，遵守宪法、法律、法规和国家政策；坚持为政府、为企业、为行业服务的宗旨，建立和完善行业自律机制；在国家宏观调控指导下，逐步实现行业自我管理；充分发挥政府参谋助手作用，发挥政府与企业之间的桥梁纽带作用，开展国际合作与交流，推动我国有色金属工业持续、稳定、健康发展。

王会生重创“国投”

王会生（1956—），黑龙江省人，高级工程师。历任国家计委投资司处长，国家开发银行综合计划局副局长，国家开发投资公司综合计划部主任、总经理助理兼综合计划部主任、总工程师兼综合计划部主任，国家开发投资公司副总经理、党组成员，国家开发投资公司总裁、党组书记，兼任中国投资协会副会长、国有投资公司委员会会长。

1995年5月5日，国家开发投资公司正式成立。如今，国家开发投资公司已经发展成为我国最大的国有投资控股公司和53家骨干中央企业之一。公司刚刚成立时，就走上了一条不断改革探索的发展之路。

2003年1月23日，46岁的王会生从前任总裁王文泽的肩上，接过了这家中央直属企业的重担。

当时，素有“国投创业元老”之称的王文泽认为，自己担任国投主要领导已经八年，很难再超越自我了，如果延续下去，公司的创新开拓必然会受到阻碍。因此，从1998年起，他就开始选择能够担此大任的接班人。

王会生是内部选拔出来的。自国投组建开始，从综合计划部主任到总经理助理、总工程师，直到到副总经理，王会生一步一个脚印地用心工作，在国投三次大的改革中发挥了重要的领导作用，也显示出了统领全局的领导才能。

王会生刚上任时，国有投资公司已经具有了一定的基础。漫长的结构调整，也为公司积蓄了能量，员工们都“憋着一股劲儿”想有所作为，大家都在看着王会生能不能带给国投新的生机。

勇于承担、争当一流的性格，让刚刚上任的王会生感到这既是个挑战，又是个机会。他不仅要让国家投资开发公司发展起来，还要将其打造成为国内一流的投资控股公司。

2003年5月，“非典”刚过，王会生便不负众望，提出了自己的经营战略。他提出“二次创业、振兴国投、加快发展”的提议，并制定了公司未来五年的发展规划和十年的发展设想。也就是通过十年的努力，使公司的有效资产和利润比2002年翻两番。

在公司内部凝聚发展动力的同时，公司外部也遇到了重大的改革契机。当时，国资委挂牌，国企改革正开始迈入深水区。

“三年之内央企要做到行业排头兵！”“央企老总不在状态就换人！”刚刚上任的国资委主任李荣融的要求掷地有声。就是在这个节骨眼儿上，王会生接下了国投这副重担。

王会生认为：“由于国投的特殊性，无论在哪个产业都不可能、也没必要做到第一，要获得中央有关部委的认可和支持，关键是必须探索出适应投资控股公司的发展模式。”他发现，国资委正在研究的淡马锡模式和国投的性质很相似，为什么不让国投来承担这个实验和探索的任务呢？

为此，王会生不怕辛苦，精心准备了汇报材料，亲自前往国资委各部门、国家发改委、财政部等政府部门，从处长到司长，再到有关领导，向他们一一介绍了公司八年来工作的体会以及未来的发展设想，并虚心听取了他们的意见和建议。

国资委肯定了国家投资公司在这些方面的工作，并认可了国投作为国家投资控股公司的组织结构和发展模式。此后，王会生带领国投一直坚持“积极支持，密切配合，加强沟通，争取支持”的方针，与国资委、发改委、财政部的工作关系一直都非常融洽。

虽然国投的独特性曾经给它的发展带来过一些阻碍，但自从王会生接手后，这个独特性不但没有成为弱势，反而被发扬光大，成为一种独特的优势，成为国家调整产业结构、布局产业发展的最佳执行者，并最终使国投发展成为国有企业的典范。

十几年来，国投共退出570多个项目，回收资金58亿元。王会生认为，必须慎重地对国投进行研究与决策：市场有机遇，也有诱惑，更有陷阱，千万不能随便产生投资冲动，必须防止饥不择食，草率行事。国投必须“有所不为，才能有所为”，不能再走滥铺摊子的老路。这是王会生上任之前就思考成熟的问题。

王会生发现，国投原来是以实业为主的，能够称得上国内一流的投资项目较少。而国投要想快速稳健地发展，实现自己十年让公司资产翻两番的目标，光靠实业投资是远远不够的，还必须具备金融手段和资产处置手段。只有这样，才可以增加融资能力，消化掉不良资产，增强经济实力和市场竞争力。

于是，王会生提出了“三足鼎立”的发展战略：作为一个完整的投资控股公司其功能要完善，即实业、服务业、国有资产经营等业务功能相互依托，互为融通，实现三者有机、高效运营。

王会生认为，没有实业，就不能体现公司的实力，也就不能创造稳定的现金流；没有金融为龙头的服务业，实业就不能得到有力的支持。因此，必须把产业投资与资本市场顺畅地连接起来，借助金融工具的平台和手段。

基于这一判断，国投作出了将电力、煤炭、港航、化肥四个基础性、资源性行业、高科技产业作为公司实业长期稳定和长远发展的基础和重点；将金融、投资咨询和资产管理业务等服务业作为公司整体发展的重要支撑。同时，基于国有投资控股公司结构调整和投资导向的功能性作用，将国有资产经营作为“三足鼎立”中重要的“一足”。

王会生经过认真研究，对国家产业规划、布局烂熟于心，因而每每出手，都会有惊喜，从而令人不得不佩服他的战略眼光。

王会生说：“做投资，选项目，大方向不能错，方向对了，稳步推进，一般不会出现大问题；方向错了，不管速度如何，都会出问题、走弯路。只要把好投资大方向，即使走得慢，也不要紧。”

王会生认为，中国经济今后相当长的一个时期内，仍将处于飞速发展的阶段。巨大的发展潜力，宏观上也为国投提供了战略投资机会。因此，王会生强调：“不符合国家产业政策方向，效益再好也不做”。同时，他还强调：“一流的投资控股公司是通过一流的投资项目来体现的，国家开发投资公司是国家的大公司，大公司就要有大战略，要围绕国家重点发展产业选择投资项目，要搞一些对国民经济有重大影响的项目，尤其是基础性、资源性、关系国计民生的大项目。如大化肥、运煤三通道、电力、煤炭和港口等。这些都是目前国民经济持续健康发展最急需的项目，虽然投资周期比较长，但长期看投资效益是有保障的。”

2005年11月12日，世界第一高坝在雅砻江锦屏一级水电站开工建设。这一项目标志着，总装机容量相当于1.5个三峡电站、投资超过1400亿元、规划建设21座梯级水电站的雅砻江水能开发拉开了帷幕。业内专家指出，雅砻江梯级开发工程预计将是四川省百万千瓦级水电站中经济效益最好、动迁人口最少的水电站。

市场经济属于稀缺经济，价值规律决定资源总是在行业部门内不均匀地流动，要很好地谋划企业发展，就必须要全面发掘资源，抓住市场稍纵即逝的机会。

早在2004年，国家就曾对曹妃甸港作出了发展规划，曹妃甸煤炭专用码头将作为分流大秦铁路扩能增量和拟建中的“西煤东运”第三通道的下水港。但是，任何投资都是有风险的。经多次研究，大多数投资者开始怀疑这个第三通道究竟什么时候才能建成，许多研究报告无果而终。

然而，正在寻找当家项目的王会生却凭着一种投资直觉，认为这是一个千载难逢的机会。于是，王会生迅速作出决断，要求国投交通公司“必须在一周之内把曹妃甸煤码头公司注册下来”！事实证明，这个决断非常及时而准确。

对农民怀有浓厚情感的王会生，非常清楚化肥对于农业发展的重要作用。他说：“中国最大的问题是农业问题，农业问题主要是如何解决粮食增产、农民增收的问题。”钾肥是我国农作物生产的基础肥料，而土地缺钾已成为制约农业发展的“瓶颈”之一，幅员辽阔的中国是一个钾资源严重缺乏的国家。从这个角度讲，钾肥正是国家需要的大项目，符合国投的主业定位。

王会生曾经到过著名的死亡之海——罗布泊进行深入考察。他发现，罗布泊的钾盐产品具有较强的价格优势：依靠建立在资源、技术、规模基础上的成本和质量优势，罗布泊钾盐的潜在经济价值达8000亿~10000亿元，可开发30~100年。罗布泊的钾盐开发，将彻底改变我国钾盐长期依赖进口的局面。

面对这样一个千载难逢的好项目，王会生的选择是：“加快开发！”

2004年11月19日，国投一次性出资3.58亿元，取得了罗布泊钾盐这块“皇冠上的明珠”。

近年来，王会生又瞄准煤化工项目。在他看来，中国缺乏石油意味着石油替代有着巨大商机，他又想到了国投的强项：煤。

当时恰逢国家发改委作煤化工的规划，河南“十一五”规划希望建成煤化工基地，三者一拍即合。于是，在很多企业纷纷寻找同类项目之时，国投又一次抢占了先机。

就这样，国投公司在发展过程中，充分发挥了自身在资本运营和管理方面的优势，用了近200亿元的国有资本引导和带动超过2000亿元的资金进入国家鼓励发展的经济领域。用一流的标准，打造了从电力到煤炭、从港口到高新技术产业等领域诸多“国内一流”“全国最大”的标杆企业和优质企业，从而使自己的总资产发展超过1000亿元，而项目个数却缩减到过去的十分之一。

2006年，国投被中宣部、国资委确定为当年的全国国有企业典型，理由是：“在贯彻落实科学发展观、推进现代企业制度建设、坚持走自主创新发展道路、精心打造民族品牌、实施走出去战略、创新发展模式、实施管理创新和资本有效经营、建设资源节约型企业等方面成效明显。”

不谋万世，不足以谋全局；不谋全局，不足以谋一域。王会生清醒地认识到，国投公司拥有的今天，即将成为过去，面对未来，国投更加需要战略眼光和创新的方法。为此，国投建立了研究中心，逐步从当前的课题研究拓展到中长期的产业趋势分析、周期性影响以及战略选择等重大课题的调研，为整个国投集团的发展服务，也为中国投资业的发展甚至政府在某些领域的发展提供咨询服务。

在这个基础上，国投开始制定从2007年到2012年、从2013年到2017年两个五年规划的战略。王会生展望道：“我想可以这么讲，原来我们是2003年到2007年是实的，2007年到2013年是虚的，那么现在我们把2007年到2013变成实的，2013年到2017年变成虚的，不断地去循环我们这种规划和设想。”

心灵物语

国家开发投资公司在王会生的执掌下，演绎了二次创业的奇迹。从国投揭开牌匾那一天起，王会生一直伴随国投走过了十年，并将自己与国投发展捆在一起。在他的努力下，国投发展了，公司做大做强了！王会生无愧于国家，更无愧于国投员工，他的艰苦创业精神正在发扬光大。

史海钩沉

国家开发投资公司

国家开发投资公司成立于1995年5月5日，是我国目前最大的国有投资控股公司和53家中央骨干企业之一，员工总数6万多人，注册资本金184亿元人民币，总资产1758亿元人民币，所有者权益564亿元人民币。

2008年，公司经营收入达421亿元人民币，进出口贸易总额超过12亿美元;实现利润50亿元人民币，扣除因电煤价格和售电价格倒挂造成的“政策性亏损”，同比增长30%。在国务院国资委年度业绩考核中，连续四年获得A级，并成为任期考核“业绩优秀企业”。

2010年，公司资产规模达到2300亿元，实现利润50亿元。公司在央企第一方阵的地位更加稳固，主要业务板块的规模、实力都跃上了一个新的台阶，并在各自行业内占据重要地位。

文苑荟萃

中国国际经济交流中心

中国国际经济交流中心是经中华人民共和国政府批准成立的国际性经济研究、交流和咨询服务机构，也是集中经济研究领域高端人才并广泛联系各方面经济研究力量的综合性社团组织。

中国国际经济交流中心由国家发展和改革委员会主管，经国家民政部登记注册。在2009年3月20日召开的第一届理事会上，曾培炎当选为理事长。

江卫重振“枣矿”雄威

江卫（1952—），汉族，山东淄博人，1970年6月参加工作，1976年8月加入中国共产党，山东煤炭干部学校高级工商管理专业毕业，高级政工师、工程技术应用研究员、高级职业经理人。

早在清光绪五年（1879），洋务运动创始人、北洋大臣李鸿章就在山东省积极创办“官窑”——山东中兴矿局，与当时的抚顺、开滦并称中国最早的三大煤矿。

解放后的几十年间，作为典型老国有企业的枣矿集团，为社会主义建设作出了突出的贡献。然而到了20世纪90年代，由于老区的部分矿井衰老，资源枯竭，新区的矿井还不够完善，战略重心转移遇到困难，矿区的生存和发展遇到前所未有的危机，企业负债几十亿元。一时间，铁路部门由于欠运费而限供车皮，电力部门停电，税务部门不给提供发票，职工工资也无法发放……枣矿集团的生产经营陷入低谷。

2000年元月，山东省委对枣矿集团领导班子进行了调整，时任淄博矿务局副局长的江卫临危受命，担负起枣矿集团董事长、党委书记的重任。

要想帮助枣矿集团走出困境，在激烈的市场竞争中站稳脚跟并求得发展，就必须树立适应企业摆脱困境和市场竞争的良好精神状态，而落后意识形态的根深蒂固，安于现状、墨守成规的习惯势力和“等、靠、要”思想，则是制约枣矿集团发展的重要根源。

经过深入细致的调研，江卫敏锐地感觉到，如果不能彻底摆脱陈旧观念的束缚，不打破员工思想上的坚冰，建立一套全新的管理理念和管理机制，就不能真正帮助枣矿集团走出低谷。要想让枣矿集团真正发展起来，就必须经过一次使职工的观念意识能够适应改革时代潮流的脱胎换骨的转变，必须在思想解放和观念更新上大做文章。

为此，江卫亲自撰文，在《枣庄矿业新闻报》上发表了《解放思想、更新观念、推动改革》的文章，给干部员工灌输先进的经验，引领思想观念，号召干部职工彻底摒弃“等、靠、要”的计划经济思想，全面向市场经济转型。

经过多次研究讨论，枣矿集团改革发展的新思路逐渐转化为枣矿人的共识，为枣庄矿区发展奠定了思想基础。

在江卫和公司领导班子的果断决策下，枣矿集团以“人事、分配、劳动用工”三项制度和管理机制改革为先导，开始了公司治理、产权制度、主辅分离、辅业改制、债转股、关井破产等改革，打响了全面改革创新的攻坚战。

煤与非煤新建项目，投资主体多元化；后勤物业实行市场化运作；营销、财务、采购、物流高度集中统一，一改“各矿自主，分散经营”模式，实现了集约化管理。加强企业诚信建设，建立风险防范机制，确保企业健康发展。确立品牌经营战略，导入流程精品管理，倾力打造枣矿品牌……

一矿一策，分类指导，在加快实施改革创新的同时，江卫在生产管理和运行机制上做文章，创造性地提出“新井新机制”的理念，并成功运用于新安矿井建设，结出了丰硕的果实。

在主业扩张上，江卫又组织加快新井建设步伐、提升原有矿井能力和实施“走出去”战略三大攻坚战，先后完成了多对矿井的新建和改扩建任务，创出多项全国矿井建设新纪录。

新安矿是枣矿集团的一座矿井，设计年生产能力为60万吨，从1996年开始筹建，直到2000年初矿井的副井筒才打到底，因此基本上都处于停工的状态。

“打破传统建井模式，新井采用新机制。”江卫一语中的，掷地有声。在努力争取上级支持的同时，江卫与公司员工决定，在矿区职工内部募集资金入股，走投资多元化的道路，并打破旧有的干部委任制，在全矿区公开竞聘干部，由业主全权负责建井及投产后的工作。

新安矿项目业主通过公开竞聘产生后，枣矿集团公司又进行了慎重的研究，为矿井配备了强有力的领导班子，并签订《矿井建设目标责任书》，交纳风险抵押金。工人们采用劳务输入方式，管理人员实行一岗多责、一职多能，全员竞争上岗。同时，还优化矿井设计，缩短施工工期，在矿区内不建生活区，彻底解决了建井周期长、投资大、用人多、工效低、效益差等根本性问题。

依靠改革创新、采用新井新机制，新源、滨湖两对新建现代化矿井各自仅用了18个月时间，就陆续建成投产了，从而创出了中国煤矿建设史上的快纪录、高质量、高水平。

在新建矿井采用新机制的同时，江卫还对老矿井进行了一系列的科学论证，并进行体制上的改革创新，将原下马矿井八一矿的接续井高庄矿实施分离，重新组建了新八一煤矿，在对高庄矿井松绑减压的同时，大力实施矿井技术改造，仅用一个亿的资金、一年的时间，就使高庄矿这个原设计年产60万吨的小型矿井变为年产300多万吨的大型现代化矿井，创造了一矿一井一年产煤炭300万吨的安全高效业绩，实现了稳产高产。

新组建的八一矿进行复采，坚持煤与非煤并重，积极改制转产，新上了水煤浆热电厂、水煤浆制备、载重子午轮胎等高新项目，在二次创业的征程中实现了脱胎换骨的变化，焕发出了勃勃生机。

在实施“走出去”战略上，枣矿集团开发的步伐迈向“四省多国”。在贵州、云南、安徽和山东省等地进行了煤炭资源开发，形成了“老矿带新矿、一矿变两矿”的发展格局。在加拿大、美国、泰国、印度尼西亚等国成功地开发森林资源，合作生产石膏建材，进行物资贸易，合作领域不断拓展、延伸。

按照环保节能好、市场前景好，科技含量高、附加值高“两好两高”要求，壮大非煤产业，大力发展循环经济，拉长产业链。近年来，集团公司先后投资数十亿元，新建和续建重点非煤项目，新上年收入过亿元的非煤项目已达十三家。水煤浆热电厂、捣固焦、甲醇、铅晶电池、石膏板、络合钙、低聚异麦芽糖、硅锰合金、子午线轮胎、变容空调、油脂化工、白炭黑、苯加氢等一大批重点项目陆续投产。目前，枣矿集团已有非煤产品一千余种，许多产品畅销国内外。矿区非煤总收入已由2000年的不足10亿元跃升到2006年的78亿元。

近年来，集团公司先后获得了一大批省部级科技进步奖和两项国家科技进步奖，申报专利39项。仅2007年上半年，就荣获省部级以上科技奖励45项，专利2项。枣矿集团被国家知识产权局评为中国专利山东省明星企业。

在企业管理中，江卫注重把一系列现代管理思想、前沿管理理论和先进管理手段运用于实践，大力加强企业文化建设，使枣矿集团实现了由传统管理向文化管理的转型，形成了全体员工共同遵守的价值观和行为规范。为了打造强势执行力，增强员工执行意识，集团公司把军队文化引入矿山，在矿区开展了全员军训和准军事化管理。江卫率先垂范，身体力行。集团公司建立了计划、执行、考核、责任追究、奖惩等闭合循环的工作落实机制，响亮地喊出了“把矿山打造成军营，把员工塑造成军人”的口号，有效地解决了规章制度严不起来、执行不下去的问题，使各项工作的开展得到了强有力的保证。

煤矿生产，安全为天。从青年时期就下井挖煤、有着丰富的煤矿阅历、经历过多次生死考验的江卫，深知搞好安全生产的重要性。在安全生产工作中，江卫以创建全国一流的安全型企业、向世界发达国家安全水平迈进为目标，认真贯彻党的安全生产方针，落实安全生产责任制，大力倡导以人为本的安全理念，力推安全宣教“十三法”和“手指口述”操作法，以安全理念引导人，以安全教育感化人，以安全政策激励人，以安全氛围影响人，结合矿区实际，辩证地提出并深刻阐述了“制约＋自觉”搞好安全生产及其他各项工作，向“自觉＋制约”过渡的深刻内涵。

和谐发展是发展的最高境界。在改革发展的进程中，江卫及公司一班人忠实履行自己的职责，团结带领广大职工群众脚踏实地，迎难而上，谋求企业又好又快发展，致力建设富美和谐矿区。

在和谐矿区建设中，枣矿集团以科学发展观为统领，坚持以人为本的理念，注重在加快发展中推动和谐矿区建设，以解决发展中存在的不和谐问题为出发点和着力点，努力把党的十六届六中全会提出的要求，落实到企业的各个方面、各个单位和各项工作中去。结合矿区实际，找准着力点，明确战略，创新载体，提出了和谐矿区建设的总体目标：

一、内外发展同步推进，核心竞争力持续增强。

二、安全形势持续稳固，达到国际先进水平。

三、建设资源节约型、环境友好型企业，循环经济基本形成。

四、员工生活殷实富裕，生活水平总体达小康。

五、优化人力资源配置，富余人员多与人才匮乏的矛盾得到缓解。

六、管理体制创新富有成效，主业精干化、辅业专业化、生活后勤服务社会化的经营框架形成。

七、营造和谐的外部发展环境，双赢共荣的企地理念达成共识。

八、社区管理有序，员工家属安居乐业。

九、企业内部矛盾有效化解，矿区保持总体和谐稳定。

十、“三三三”品牌管理文化更加完善，企业文化国内领先。

作为枣矿集团董事长、党委书记的江卫，尽心谋政，大力加强精神文明建设，使集团公司形成了目标明确、责任分明、坚强有力的工作机制，文明创建喜结硕果。矿区先后涌现出一大批全煤系统、省级和市级文明创建先进单位，其中田陈煤矿被中央精神文明建设指导委员会命名为“全国精神文明建设工作先进单位”。

心灵物语

“敢问路在何方，路在脚下。”脚踏实地，艰苦创业，激情创业，超越自我，一个个奇迹都是这样创造的。江卫与枣矿集团将会做得更大、更好，我们也期待着江卫与枣矿集团能够早日冲出亚洲，走向世界！

史海钩沉

枣矿集团的前身：中兴矿局

嘉庆元年(1796)前后，清政府继续实行“听民开采、不加禁止”的政策，使得“矿山得以开放”。此后，山东枣庄地区便出现了“县诸大族若梁氏、崔氏、宋氏，以炭故皆起家，与王侯埒富”的局面。

光绪五年(1879)，枣庄的名士坤金铭、李朝相、法玉昆等人集体上奏，经李鸿章奏准，正式成立了“官督商办”的“中兴矿局”。

虽然中兴矿局业务开展得比较顺利，但由于资本力量过于薄弱，限制了它的发展，生产上除了汲水使用机器外，其一切工作，如挖煤、运煤等，仍然需要人力进行，基本上还没能脱离手工操作。

光绪九年(1883)，中兴矿局计划扩大规模，在上海公开招股，拟募集股本凑足十万两。不料恰好赶上上海金融恐慌，扩充股本、添购机器的一切计划都没能实现。因此，煤矿生产过程依然大都依靠手工，机器所占比重很低。

这种状况一直延续到19世纪90年代初期，都未见重大改进。再加上“交通不便，转运维艰，多出则积压成本，少出则不敷开支，以至十余年，未见什么成效”。

文苑荟萃

中国煤炭资源

中国煤炭资源丰富，除了上海以外，其他各省区都有分布，只是分布极不均衡。

在北方大兴安岭——太行山、贺兰山之间的地区，地理范围包括煤炭资源量大于1000亿吨以上的内蒙古、山西、陕西、宁夏、甘肃、河南六省区的全部或大部，是中国煤炭资源集中分布的地区，其资源量占全国煤炭资源量的50%左右，占中国北方地区煤炭资源量的55%以上。

在南方，煤炭资源量主要集中在贵州、云南、四川三个省内。这三个省内的煤炭资源量之和为3525.74亿吨，占中国南方煤炭资源量的91.47%；探明保有资源量约占中国南方探明保有资源量的90%以上。

第三篇

海外华人扬名海外

“维他奶大王”的经营之道

罗桂祥（1910—1995年），广东梅县人，10岁时随母亲到马来西亚投奔父亲，1929年考入香港大学商学院。以儒家“厚生”思想指导自己创业，20世纪40年代在抗战时的香港创办豆品公司，生产出“穷人的牛奶”——营养饮品维他奶。直至六七十年代才取得巨大成功，成为全球最大的豆奶公司，被称为世界“维他奶之父”。

1968年，美国《时代周刊》中写道：“三千年来，用大豆制成的各种食品一直是中国人食物蛋白质的主要来源。在远东，甚至有人称大豆为‘中国母牛’。香港商人罗桂祥独具慧眼，将豆奶发展成为一项成功的事业，产品名为维他奶，如今已经成为该城市的一种热门新饮品。”

维他奶的名字，在香港可谓家喻户晓。从1940年开始，由香港豆品有限公司独创樽装豆奶，至今销量一直雄踞世界豆奶市场首位。年产近4亿樽（盒）的维他奶及各种保鲜装的维他饮品，已经风靡世界各地，而由此带来的财富滚滚，更是令香港豆品公司董事长罗桂祥先生名列“香港三十名首富”之中。

罗桂祥于1910年出生在广东梅县。他的老家三乡寨上村是一个“七山二水一分田”的穷乡僻壤。罗桂祥的祖父在10多岁时就远涉重洋，到槟城油米杂货店帮工；父亲是个读书人，曾应过试，40多岁时因祖父病逝才下南洋。

罗桂祥在家读了两年的初小，10岁时随母亲离开三乡，前往马来西亚。在马来西亚读了两年中文后，开始转读英文学校。由于当时中国内战，民不聊生，他当时的志向是当一名建筑工程师来建设中国，决定报考上海交通大学土木工程系。但是当时家境清贫，在九个兄弟姐妹中，他排行第七，父亲根本没有能力供他回国读大学，他只得在华侨民政司当翻译。后来，南洋有名的大资本家余东璇出资，供罗桂祥到香港大学攻读商科，毕业后就做了余东璇的秘书，并帮他经营地产。

1937年，罗桂祥因业务关系到上海出差。有一天，他出席了青年会主办的晚会，听了美国领事馆商务参赞关于“大豆——中国的母牛”的演讲，深感大豆的丰富营养价值对中国人的重大作用。

回到香港后，罗桂祥目睹了劳苦大众营养不良、脚气病患者随处可见的现象，顿时心头一亮，突发奇想：何不把廉美的大豆制成高营养的豆奶，供劳苦大众饮用呢?

经过无数次的研究和实验，维他奶终于在1940年3月9日面世。从此，普通的大豆就和罗桂祥的事业紧密地联系在一起。

在创业过程中，罗桂祥也遭受了许多波折，有成功也有失败。基于对廉美的大豆坚定不移的信念和争取成功的信心，他终于逐步走上了成功之路。

维他奶产出的第一天，只卖出九瓶！原因是一般人认为豆奶是“寒凉”饮品，不但对身体无益，还可能对身体有害。此外，当时也没有经过消毒处理，容易变质，这也是销路不畅的原因。不足一年，罗桂祥的积蓄就全都用完了。接着，日军侵占香港，生产停顿，罗桂祥只好举家迁往内地，事业首次触礁告终。

1945年，日本战败投降，罗桂祥重新返回香港，向友人借了五万元做资本，重新恢复维他奶生产。

这次，维他奶是以汽水的形式出售的，每天可销1000支。1950年，罗桂祥专门设立了一个科学实验室，研究豆奶的消毒方法，并获得成功，从而延长了豆奶的存放时间，这才慢慢打开香港市场的销路，逐渐站稳了脚跟。随后，他又将阔口瓶改用汽水樽装，销量又大幅增加。1974年，罗桂祥率先引进无菌包装方法，逐步打开了海外市场。

在经营豆奶产品过程中，罗桂祥一直坚持一个原则：勇于采用新理念，不断大胆革新。1979年，他的公司推出了保鲜装柠檬茶，成为世界上第一家采用保鲜包装的公司。1984年，他又在世界上第一次推出375毫升的纸包装饮品。此后，罗桂祥公司的产品除了豆奶外，还有果汁、柠檬茶、菊花茶、奶类制品和汽水等几十种产品，大受社会人士的欢迎。

罗桂祥的成功经营，也得到了联合国粮食农业组织的重视。1964年，特邀请他在世界食物营养研究讨论会上作有关维他奶发展史的专题演讲，引起了很多国家的兴趣。随后的几年来，从美国到日本以及东南亚各国，先后兴建了数十间制造豆奶的工厂，发源于香港的维他奶制品，每年数以亿计地推广到全世界，解决了千百万人的营养问题。

1979年，罗桂祥以补偿贸易的形式，在中国投资数千万元，共同发展在深圳的光明畜牧场。从新西兰购进良种乳牛，并从瑞典买入最先进的挤奶及加工生产设备，使之成为中国最现代化的畜牧场。

心灵物语

生活是创造的源泉。其实，在这个世界上，奇迹的产生有时并不神秘，只要我们善于发现，也许一个并不经意的东西就能引来新的机遇。罗桂祥正是通过对生活的仔细观察，展开想象，从而找到奋斗的目标，并为之努力不懈，终获成功。

史海钩沉

罗桂祥以创业成果回报社会

罗桂祥有着强烈的民族认同感和爱国之心。1979年，中共十一届三中全会后不久，改革开放刚刚起步，为了支持新生的深圳特区，罗桂祥以补偿贸易的形式，共同经营深圳光明华侨农场。光明农场也由原来的国家拨款补贴变成每年向国家上缴相当数额利税的企业。

从20世纪80年代起，罗桂祥发动其兄弟陆续向家乡捐资建设公益福利事业，计有独资捐建梅县第一职业中学，与其兄弟合资捐建的有三乡罗进兴夫人医院、三乡罗进兴学校，为村里捐建水泥乡道、自来水、电力设施、汽车、电视插转台等合计上千万元人民币。1994年，梅州市人民政府隆重授予罗桂祥“梅州市荣誉市民”称号。

罗桂祥以“厚生”思想指导创业，以创业成果回报社会，为对人类、对祖国、对家乡、对亲属有所贡献而感到满足和安慰。毫不夸张地说，他的一生，为世界饮料行业树立了里程碑，也为自己树立了一座道德丰碑。

文苑荟萃

维他奶

维他奶是香港家喻户晓的饮料品牌，自1940年开始在香港生产，现生产厂房遍及中国大陆、香港、澳洲和美国。

维他奶的品牌由罗桂祥创办，现时由香港上市公司维他奶国际集团有限公司管理，该公司也以“维他”作为旗下饮料产品，包括果汁、牛奶、茶类饮品、汽水、蒸馏水及豆腐等产品的品牌。

企业家林绍良善抓商机

林绍良（1916—2012年），印尼林氏集团董事长，印尼政府经济顾问，印尼首富。美国《机构投资者》杂志将其列为世界十二大银行家之一，曾被称为“世界十大富豪之一”。1995年集团总资产高达184亿美元，营业总额约200亿美元，所属公司640家。

1983年，美国的《机构投资者》杂志公布了世界上最富有的12个大银行家的名单，印度尼西亚中央亚细亚银行董事长林绍良被列为第六名。

在东南亚，林绍良的名字可谓无人不知、无人不晓，他是曾被称为“亚洲洛克菲勒”的印尼首富、新兴华裔大企业家。他不仅在印尼工商界占有举足轻重的地位，也是许多国家及地区金融、工商界所熟悉的传奇人物。

林绍良领导下的“三林经济开发公司”，简称“三林集团”，由林绍喜、林绍良和林绍根三兄弟共同创建，始于20世纪50年代，成长于60年代末和70年代，是与印尼国民经济和民族企业的兴起同步发展起来的。

在短短的十几年内，三林集团由一个仅有数百万美元资产的企业集团一跃升为横跨亚、美、欧三大洲，资产达70亿美元的企业王国。它的资产之雄厚、业务之多元化、经营地域之广泛，令世人瞩目。它的成就不仅为林氏三兄弟提供了财富，也为所在国家作出了出色的贡献。

林绍良出生于中国福建省福清市海口镇的一个略有田产的农民家庭，小时候曾经读过几年私塾。1939年，为了逃避抓壮丁，林绍良到了印尼，寄居在中爪哇古突士小镇经营土产的叔父店里。当时，他的哥哥林绍喜已经在叔父的店里了。

太平洋战争爆发前后，为了维持生活，林绍良开始做小贩，每天早早地起来，自己加工咖啡粉，然后骑着自行车奔往离家六七十千米的三宝垄出售。

1945年8月15日，日本侵略者宣布投降。两天后，印尼发表独立宣言，从那时起至1950年，印尼人民进入了反抗荷兰殖民者重新统治印尼的独立战争时期。印尼是群岛之国，海上交通是经济交流的大动脉。荷兰军队控制了爪哇、苏门答腊的大多数城市以及外岛的广大地区。林绍良所在的中爪哇则是印尼共和国所在地，这里由于敌军的封锁，物资极为匮乏，许多生活必需品都通过海上走私运往内地。

有过多年小贩生涯的林绍良，已经练就了善于捕捉机会、敢于冒风险的本领。当时，中爪哇以生产丁香烟而闻名遐迩。40年代后半期，倒闭多年的丁香烟厂如雨后春笋般地建立起来，林绍良看到了丁香买卖的商机，便开始大力经营丁香生意，数年之间便获取巨额利润。

与此同时，林绍良还把采购来的粮食、衣物和药品等送往印尼共和国辖区，作为军需品供给驻在三宝垄市的蒂波尼哥罗师，解决了当地驻军的困难，从而获得“多方面帮助印尼共和国”的赞誉。

1952年起，林绍良先后以独资和合资形式开设自行车轮胎厂、肥皂厂、尼默纺织厂、布拉巴亚纺织厂、慕利亚纺织厂和达鲁玛纺织厂等。并开展进出口贸易，与新加坡、香港的华商建立贸易关系。业务活动也从三宝垄发展到雅加达，从工商业发展到金融业。1957年中央亚细亚银行的成立，为林绍良的事业奠定了初步基础，实现了经营多样化的目标。到60年代中期，林氏三兄弟在印尼华人企业界已是地位颇高的人物，他们已各有数百万美元的资产。

1966年苏哈托执政后，开始着手开展经济建设。1967年，印尼政府颁布外资投资法令，1968年又颁布国内投资法令，否定了苏加诺执政时期制定的诸如“十号法令”等某些排华的政策，为包括华人在内的国内外企业家提供了发展的机会。

其实早在50年代前后，林绍良在为三宝垄驻军提供军需品时，就结识了一些蒂波尼哥罗师的军官，并与当时任驻军团长的苏哈托关系密切。苏哈托上台后，以及他所制订的一系列政策，为林绍良的事业开辟了一条通往成功的坦途。林绍良抓住这个千载难逢的好机会，决心大展宏图，实现梦寐以求的企业王国。

印尼《罗盘报》在1984年6月的一篇专论中说，林绍良是在伦敦、纽约及香港跨国公司学到了经商的秘诀，掌握了世界经济知识之后，立即应用跨国公司收购公司的方法和策略，在没有得到政府任何贷款的情况下，从荷兰的股票持有者手中收购“哈赫梅耶”，从而在金融界获得成功。因此，林绍良理应像印尼羽坛名将林水镜那样，受到社会的欢迎和肯定。

心灵物语

勤俭奋发是中华民族的传统美德，不怕失败、奋斗不懈、运筹帷幄、出奇制胜和深思熟虑是成功的必备条件。林绍良正是以这种信念去创造他的企业王国，并取得了非凡的成功。

史海钩沉

林绍良运输军火

1945年8月15日，日本战败投降后，印度尼西亚宣告独立。然而，日军刚刚退出印尼，荷兰殖民军便卷土重来，一场印尼人民抗击荷兰殖民者的独立战争即将爆发。

当时由于殖民军的封锁，共和国军队的军火和药品十分短缺。林绍良看到这种情况后，很是忧虑。如果再这样下去，肯定是无法抵挡荷兰殖民者的侵略的。于是，他决定做这方面的生意，为军队提供必要的军用物资。而在当时，这样做是需要极大勇气的，需要不怕风险、胆大心细。

林绍良先与共和国军方谈了自己的想法，得到了热烈的支持，双方一拍即合，认真而又慎重地研究了运输路线。

不久，林绍良便冒着生命危险，用帆船载着从新加坡购买的武器及军需物品，凭着对地形和海路的熟悉，左右回旋，巧妙地越过荷军封锁线，将一批军火安全地运到中爪哇印尼军中。

就这样，林绍良押运军火一次又一次地穿越荷军的封锁线，如入无人之境。每次运抵前线，印尼官兵都要向他欢呼致意。林绍良不仅从军火生意中获取了相当可观的利润，又与印尼军官结下了深厚的私人友谊，这些都为林绍良日后事业上的成功打下了坚实的基础。

文苑荟萃

投资银行业

投资银行业是指以投资银行为主体，专门从事证券经营和为公司的收购兼并、项目融资、资金管理、公司理财等提供综合性金融服务与金融咨询的行业。

投资银行业是一个不断发展的行业。在金融领域内，投资银行业这一术语的含义十分宽泛。从广义的角度来看，包括范围宽泛的金融业务；从狭义的角度来看，包括的业务范围则较为传统。

狭义的投资银行只限于某些资本市场，着重指一级市场上的承销、并购和融资业务的财务顾问。

狭义的投资银行包括众多的资本市场活动，即包括公司融资、兼并收购顾问、股票的销售和交易、资产管理、投资研究和风险投资业务等。

香港船王包玉刚

包玉刚（1918—1991年），名起然，浙江宁波人。世界上拥有10亿美元以上资产的12位华人富豪之一，世人公推的华人世界船王。1978年，包玉刚的海上王国达到了顶峰，稳坐世界十大船王第一把交椅，香港十大财团之一，创立了“环球航运集团”，成为第一个进入英资汇丰银行的华人董事。1976年，包玉刚被英国女王封为爵士。他热情支持祖国建设，除捐献巨资为家乡兴建兆龙学校、中兴中学、宁波大学外，还建造北京兆龙饭店、上海交通大学包兆龙图书馆，设立包兆龙、包玉刚留学生奖学金等。

包玉刚是事业成就远比声名大的人，只要在香港，他每天都照例要做一件事：早晨7点半左右的时候，他总是身穿游泳裤，从家里坐车下山，到附近美丽的深水湾去游泳。不管夏热冬凉，包玉刚都至少游上一刻钟，而且总是以一个方式——蛙式，头伸出水面，动作舒缓而极有规律，他决心前进，毫不松懈，能够一直那样游下去。

有人认为，包玉刚的晨泳与他做生意的方式差不多。包玉刚是个船东——航运界的人所谓的“独立”船东，以示与拥有船队的石油公司或其他企业不同。

其实，包玉刚的事业风险很大。世界知名的独立船东，有海派作风的希腊船王奥纳西斯和尼亚可斯，稳健而不爱出风头的美国船王路德威克以及香港船王董浩云，包玉刚也是其中一个。可是，他的作风与那些人不同，他避免风险，稳扎稳打，有条不紊，与海派作风刚刚相反。别的大船东都是在自己的帝国里保持一人高高在上的地位，包玉刚却在他的公司里有合伙人和股东；别的船东都是把握机会牟取暴利，包玉刚却只求薄利。他的谨慎小心，以至以冒险自豪的航运界传统派有时诋毁他是“银行家”，甚至不把他看成搞航运的。

然而，包玉刚却是个杰出的航运家。他一心一意购置新船，掌握了全球最大的独立船队。他的公司设于香港，总机构为“环球航运集团有限公司”，有大约70艘干货船和油船，总吨位皮重480万吨。

包玉刚既不是航海世家出身，也不是早年就从事航运业的。他年轻时曾是个银行家，来到香港之后才开始经商。1955年，37岁的包玉刚买下一艘8200吨的烧煤旧船进入航运业。他把那艘名为“英谖纳”的船改名为“金安号”。

按照包玉刚的作风与中国人的传统性格，他应该是个镇定而谨慎的人。然而，他却是个拥有无限干劲和精力的人，而且好胜。他的态度热诚而积极，与人有一见如故之感。他身高1.73米，体重157磅，身体极佳；他性格坦率、笑容可掬、健步如飞。一个和他相识的西方商界人士形容包玉刚是“配有中国音乐的神经汉”。

包玉刚是宁波人，父亲是殷商，由于中日战争，包玉刚没有读完大学，后来在衡阳搞银行业务。日军占领衡阳后，他逃到重庆。

抗战胜利后，包玉刚在上海出任市立银行高级职员，设法应对不断恶化的通货膨胀。1948年，他把全家都送到了香港。

包家是抛弃了在上海的一家纸厂股份来香港的，不过手头仍有一笔钱，可以再做小生意。银行、纺织似乎都没法搞，包玉刚和父亲包兆龙先生还有一些亲戚，便开始经商，起初只是做本地生意，后来又和中国大陆进行贸易，他们都在商言商。更要紧的是贸易不大好做，到了50年代中期，他们寻找另一种辅助性的生意做。

包老先生主张搞房地产，但包玉刚认为房屋是死的，只能收租，而且就像他们在上海的纸厂，有被充公没收的危险。他主张搞船，船是“动产”，航运业的范围很广，牵涉到金融、经济、政治甚至于工程，他极有兴趣。公司里没有人赞同，但他最终说服家里人，以70万美元买下“金安号”。

说来凑巧，那时正是投入航运业最好的时机。1956年，纳赛尔将苏伊士运河收归国有，造成国际危机，航运费大增。包家运气很好，他们购入的“金安号”原本租给一家日本航运公司，租约刚好期满，包立刻和那家公司续订新约，租费却提高许多。用包氏的口头禅来说，那艘船赚了“许多钱”，包玉刚非常得意，利用赚的钱再买船，到1956年底时，他已有7艘船。

包玉刚的经营作风似乎与当时航运业的兴旺不合，却与他的性格十分相合。一般船东通常是尽量把握市场上升的大好良机，也愿意冒无生意的风险，而把自己全部或一部分的船留作单程租用或“散租”。包玉刚是搞银行出身，不喜欢冒风险，宁愿把船“长租修”，就是中期或长期租用，这样收入虽然平淡无奇，但很稳当。

例如，1956年“金安号”的租金虽然不错，但如果“散租修”，租金还要高。包玉刚记得航运业的朋友讥诮他的稳健作风时，说他“是个初出茅庐的傻瓜”，但这些人不久便不作声了。1957年初，航运市场价格跌到最低点，只有像包玉刚那样采取“长租”办法的船东才获得了丰厚的利润。

包玉刚的稳健作风深受银行家的欢迎，不久便获得汇丰银行的支持。这家英国银行资产超过50亿美元，香港的钞票大部分是它发行，大部分贸易由它支持。总而言之，它操纵香港的方式，是任何地方的银行都少有的。

之后的一笔生意，奠定了包玉刚与汇丰银行的关系。他告诉银行的桑达士，他有机会以100万元买一艘7200吨的船，并把它租给一家日本航运公司五年。那家公司急欲用船，还愿意出面请它的银行资助包玉刚买船，包玉刚想那银行会开一张75万美元的信用状给他，这数额略等于他租船给该公司的第一年租金收入，也是包玉刚想跟汇丰借贷买船的数额。他对桑达士说，他将以那175万美元信用状向汇丰作抵押，汇丰不会有任何风险。

桑达士同意了这笔生意，但是认为坐在他对面的这个人不会得到信用状，他说可以贷款，只要包玉刚能迅速拿出信用状。桑达士后来碰见包玉刚的一个同事，私下对那人说："你们的包先生疯了。"

这大概是桑达士最后一次小看了包玉刚。包玉刚立刻动身到了日本，带着信用状回来了，一批日本银行家还在莫名其妙：他们怎么会无端支持这个陌生人的呢？

此后，汇丰银行便一再支持包玉刚。不过，桑达士说银行里的人有时候对包玉刚那些庞大的计划不得不删减、踌躇，并细察有无危险。后来，包玉刚的银行业务大部分都由汇丰银行处理，因为航运生意是资本集中性质的，而且差以毫厘失之千里，所以它实际处理的事务很多。

桑达士在1962年升任汇丰银行首脑，不到两年，汇丰便初次投资包玉刚成立的新公司World Maritime Bahamas Ltd，汇丰所占股份为1/3。这个公司后来成为包玉刚集团中最大的机构。

1970年，汇丰和包玉刚再度合资成立一个公司"环球船运投资有限公司（汇丰这一次占的股份是45%），一年后，包玉刚成为汇丰银行董事，也是汇丰银行董事会里的第一个东方人。

1971年底，桑达士退休了，赛耶继任银行首脑。他显然对双方合作十分满意，上台以后又对包玉刚的一个新公司"环球租船国际有限公司"，投资股份37.7%，还向包玉刚本人买下"亚洲航业"10%的股份。这个公司是公开发行股票的，在包氏集团中是第二大的机构。总体说来，汇丰对包氏集团的投资账面值超过5000万美元，市面价值肯定也大得多。

在海洋上，包玉刚成就了自己的事业，但他并不就此满足。20世纪70年代，包玉刚决定逐步把生意的重心转移到陆地上来，将赚得的部分财产投资到越来越红火的房地产业，兼营酒店和交通运输。

为了在陆上也能取得海上那样辉煌的成就，包玉刚曾与香港首富李嘉诚一起，和英国资本集团展开了一场惊心动魄的斗争，这就是著名的“九龙仓”之战。

这次战役轰动了整个香江，大涨了华人的志气，打击了英资财团的嚣张气焰。包玉刚在谈笑之间，就调集了20个亿的事情，也成为一个传奇。

1985年，包玉刚又以5亿新加坡币夺得了英资集团会德丰股权，成为继李嘉诚入主和记黄埔之后，夺得英资四大洋行的第二个香港人。

1986年，包玉刚又一举收购香港另一个发钞银行渣打银行14.5%的股份，成为该行最大的个人股东。船王“弃舟登陆”，创造了又一个奇迹！

心灵物语

正确的选择比盲目的努力更加重要，在创业的道路上尤其如此。包玉刚在航运道路上越走越红火，凭借的正是不断进取的决心和对生意把握的宏谋大略。

史海钩沉

包拯第29代嫡孙

1964年，包玉刚意外得知自己竟然是包拯的后代，可谓欣喜异常。

1964年10月，已离开故乡多年的包玉刚怀着对故乡的深厚感情，回到了浙江省宁波访问。这次回乡，他参观了江南最古老的藏书楼“天一阁”。这一天，“天一阁”的古籍管理工作人员听说来访者是香港船王包玉刚，就特意将“天一阁”中珍藏的一套《包氏家谱》捧出给包玉刚看。

在这套线装古本的《包氏家谱》中，记录了包家绵延繁衍的根系。包玉刚当即查看了《包氏家谱》，并顺着包氏绵延脉络查下去，意外地发现自己是包拯的第29代嫡孙，高兴得喊起来：“我是包青天的子孙！”

霍英东的成功奇迹

霍英东（1923—2006年），汉族，广东番禺人。1953年创办霍兴业堂置业有限公司及有荣有限公司，任董事长。他先后担任香港地产建设商会会长，香港中华总商会会长、永远名誉会长，香港足球总会会长、永远名誉会长，国际足联执委，世界羽毛球联合会名誉主席，香港特别行政区基本法起草委员会委员，香港特别行政区筹委会预备工作委员会副主任，香港特别行政区筹备工作委员会副主任，香港特别行政区推选委员会副主任等职。1993年3月任全国政协副主席。2003年3月在全国政协十届一次会议上再次当选为第十届全国政协副主席。

在现代香港发迹奇特的亿万富豪中，霍英东算是突出的一位。至于霍英东的发迹经历及其业绩，香港内外的报刊多有述评。其中，香港有一篇文章曾用16个字概括："白手起家，艰苦创业，名成利就，爱国爱乡。"这一段文字虽然朴质无华，却画龙点睛似地道出了霍氏的生平。

霍英东不仅是香港工商界的巨擘，而且已跻身于世界经济强人之列。谁也没想到，就是这样一位赫赫有名的大企业家，竟是一个穷苦出身者。

霍英东原籍广东省番禺县，父亲移居香港后，仅靠一叶舢板搞驳运小业为生，尽管终年劳碌，到头来还是一家人难得温饱。

1922年，霍英东就在这个水上穷苦人家里呱呱坠地了。当他在凄风苦雨中长到7岁的时候，一场风灾连船带人夺去了父亲的生命，使霍家生活几乎陷入绝境。无奈之下，霍母只好带着霍英东及其两位姐妹迁移至香港湾仔一座摇摇欲坠的旧楼里栖身。

多舛的命运，并未能把霍母压倒，她以顽强的意志挺起腰来，开始经营先夫遗留下来的那份驳运小业。她经常出海与外来货轮接洽，代替他们把煤炭转运到岸上的货仓里，从中赚取微薄的佣金养家糊口。她一不会写，二不会读，深知没有文化之苦。因此，哪怕生活再艰难，也总设法省吃俭用，把从小聪颖的霍英东送去念书。

到霍英东12岁那年，母亲又送他进入皇仁书院就读。而霍英东也不辜负母亲的苦心，在学校总是加倍用功，克勤克俭。

霍英东回忆当年学校生活的情景时曾说："在学校我勤奋读书，课余协助母亲记账，送发票，由于日夜奔忙和营养不良，一天下来实在精疲力尽。"

1937年，日本帝国主义发动侵华战争以后，尤其在日寇占领香港期间，霍家的生活每况愈下，霍英东不得不辍学踏入社会寻找工作，先后当过苦力、学徒和工人，可谓历经各种坎坷。

据有关文介绍，霍英东在日本人的机场当苦力时，所得报酬还不够糊口，一天只吃一碗粥和一块丝糕，常常饿得头昏眼花，四肢无力，有一天搬运煤油桶时被压断了一个手指。之后，他便转当修理货车的学徒，却又因惹出了事故，被老板辞退。

此后，霍英东便到处打零工，既到船上做过铆钉工，又到实验室当过试糖工等，吃了不少苦头。有人形容霍英东踏入社会后的这一段生活，就像卓别林在电影中扮演的主人公一样，充满着失意、潦倒和辛酸。

直到1945年8月，日本无条件投降，日军撤出香港后，霍英东才趁机借用母亲多年积攒的有限佣金，又东拼西凑了一笔钱，参与转卖日本战后的战余物资，从中获得可观的利润，逐渐积累起一些资本来。这个时候，也正是霍英东白手起家的开端和艰苦创业的起步。

霍英东在创业过程中，开头也不是一帆风顺的。日寇战败不久，日本商人到港出高价收购一种能制药物的海草。霍英东获悉，这种海草生长在太平洋柏拉达斯岛周围的海底。于是，他就购买了一艘摩托艇，联络80多个想赚钱的渔民，一道往该岛进发。

没想到的是，这个岛上的天气燥热不堪，又极缺食物、淡水和药品，面临着重重困难。他们在岛上一待就是六个多月，每天半裸着身子，拼命地采集着海草。等当他们完成任务返回香港时，个个都披着一头长发，又黑又瘦，简直就像一群野人。可是待到海草全部脱手，一算账，才仅够开销而已，毫无所获，弄得他们大失所望。

对于这次生意的受挫，霍母抱怨不迭，表示不再信任霍英东。从此，母子在事业上便分道扬镳，各行其是。霍英东后来回忆此事时说过："母亲信不过我，认为我冒的风险太大。但我行我素，绝不气馁。"

后来，霍英东又在友人的帮助下，购买了一艘拖船，开始独立经营驳运事业。

在实践中，由于霍英东汲取了经验教训，善于筹划，精于经营，把驳运生意做得十分顺当，发展很快，大有所获，一跃成为当时香港运输线上崭露头角的强者。接着，他又凭着过人的胆识，看准时机，毅然决然地涉足香港房地产市场。

1953年，霍英东建立起了置业公司，大力扩展地产业，拆旧楼，建新厦，又买又卖，开创大楼预先分层出售的先例。没过几年，他名下兴建的大厦遍及港九，打破了香港地产业买卖的纪录。

更令港人瞩目的是，霍英东独具慧眼，看准"淘沙"事业大有可图的发展前景，大胆派人到欧洲有名的厂家，重金订购了一批专门的淘沙机船，最先在港开展机械淘海沙的行当，而且不久又获得从中国内地输入海沙的专利权，使他成为独揽香港建筑业不可缺少的海沙供应巨头。原先在许多港商看来，干淘沙业用人多，获利少，赚钱难，始终不敢问津。岂知霍英东干起这一行当，却给他带来一项大收入，这不能不令那些商人感到惊诧和折服。

霍英东在香港的事业不断发展扩大。他经营的范围包括航运、地产、建筑以及旅馆、酒楼、百货、石油等多方面的行业，掌管着立信置业、信德等六十多家公司，可见其经济实力之雄厚。他先后任香港地产建设商会会长、中华总会会长等要职，是现代香港社会具有代表性的人物之一。

身在香港的霍英东，心怀祖国内地建设，是一位著名的爱国人士，博得祖国人民的赞扬和尊重。后来，他荣任全国政协常委、暨南大学教育和科学发展基金会名誉会长。

霍英东曾多次向内地投资和捐资累计达五亿港元以上。比如投资兴建著名的广州白天鹅宾馆、番禺宾馆、中山温泉宾馆，捐资给暨南大学、中山大学建立体育馆和建设广东高速公路等等。他这样做，并不是为了获得什么荣誉，而是正如他自己所说："我在内地投资、捐资的目的，是要为祖国四化尽自己的绵薄之力。"

霍英东对振兴祖国的体育事业表现出一片赤诚，他曾为恢复中国在国际体育组织中的合法席位作过巨大努力，并发挥了重要作用。祖国内地运动员每次到香港参加重大比赛，都受到了霍英东的热情关照，运动员刚到，霍氏的水果就送来了。而且每临决赛时，他都亲到运动场观看和鼓励。

1984年秋，霍英东在洛杉矶第二十三届奥林匹克运动会上，亲眼看到中华健儿夺得15块金牌，一举破"零"，终于跨进世界体坛强国行列的历史性场面，他心花怒放，格外振奋。为了表达希望看到祖国体育事业继续飞跃发展的心愿，他于1984年回国参加国庆三十五周年观礼时，在北京宣布捐资一亿港元作为发展体育事业的基金。现在，这笔基金正用于培养祖国体育人才，必将起到它应有的积极作用。曾任国家体委顾问荣高棠谈到霍英东时，给予了很高评价："霍先生对祖国体育事业作出了可贵的贡献，令人难以忘怀！"

心灵物语

霍英东的创业之路无比艰辛，但他凭借着永不言败的进取精神开拓出了一片基业。他成功的事迹告诉我们，一个人只有不断进取，才能在事业上有所成就。作为现代的年轻人，一定要把握现在、不停进取。不论得意还是失意，都要毫不在意；无论顺境还是逆境，都要永无止境！

史海钩沉

霍英东开发南沙三阶段

1989—2000年，霍英东做了三件大事：第一件事是搞交通，修桥、筑路、建轮渡，包括港前大道、进港大道，都是由他亲手策划与政府合资建的；第二件事是绿化、美化南沙的环境；第三件事就是建筑，成立了16个公司来进行运作，项目包括有荣船厂、新技船厂、东发货运码头等，总共投资24亿元左右。

2000—2005年，霍英东进行了自己设想的第二期工程，共七个项目：

一、建立南沙资讯科技园，霍英东拨出两亿元启动金；

二、建立蒲洲大酒店，总投资四亿的五星级宾馆，建成了41层；

三、建立南沙物流中心，主要是扩建东发码头；

四、建立新客运港码头，重建客运港，投资7000万元；

五、建立四幢大厦，分别为珠三角世贸大厦、香港中华总商会大厦、霍英东集团大厦、南沙大厦，总投资约6亿元；

六、建立英东中学，投资6000万~8000万元；

七、建立蒲洲南沙生活小区，总共有250幢楼房。

2005—2010年，霍英东开始构建现代化海滨新城，2010年将小南沙建设成为一座海滨新城。

文苑荟萃

油 轮

油轮是油船的俗称，是指载运散装石油或成品油的液货运输船舶。从广义上讲，油轮是指散装运输各种油类的船。

油轮除了运输石油外，还可以装运石油的成品油、各种动植物油、液态的天然气以及石油气等。

但是，我们通常所说的油轮，多数是指运输原油的船；而装运成品油的船称为成品油船；装运液态的天然气和石油气的船称为液化气体船。

丁肇中和他的“J”粒子

丁肇中（1936—），实验物理学家。祖籍山东省日照市涛雒，华裔美国人，1976年诺贝尔物理学奖得主。他曾发现一种新的基本粒子，并以和自己中文姓氏“丁”类似的英文字母“J”将那种新粒子命名为“J粒子”。

1937年7月，日本帝国主义发动了对中国的全面侵略战争，丁肇中与父母跟其他人一样，也开始了流浪的生活。

丁肇中童年时期的学习也因为日本对中国的侵略而时断时续，很不稳定。但是，由于父母都是大学教授，经常有许多学者到家中聚会，一起讨论问题，丁肇中每次都会认真聆听，从中获益不小。同时，由于启蒙老师——母亲的教导，丁肇中求知欲旺盛的少年时期并没有虚度。

1948年冬，丁肇中开始接受正规教育，先后入台中市丰原中学、台北市成功中学和建国中学。读高中时，他最感兴趣的是中国历史，但很快又意识到，从历史中去寻找真理比从自然科学中寻求真理要困难得多，因而把兴趣转向了物理和化学。

由于受家庭的影响，丁肇中对学习一丝不苟，读书专心致志，遇到疑难，总是找遍书本，务必得到答案后才肯罢休。在课堂上，抢先回答问题也是他的一大特点，不论对自己的答案有没有把握，他总是第一个举手回答老师的提问。课后与同学们讨论问题时，他也往往要辩论到“甚解修”。

丁肇中的课余时间大部分都是在图书馆中度过的，很少涉足影剧院等娱乐场所，他认为，“最浪费不起的就是时间”。由于勤奋刻苦，丁肇中的各门功课都是成绩优良，尤其突出的是数理化，这也为他实现终身奋斗目标打下了扎实基础。

中学毕业后，丁肇中被保送到台湾成功大学读书。但是，他一心向往的是进台湾大学攻读，结果报考后名落孙山，最后还是回到了成功大学。但丁肇中没有灰心，认识到这次失败并不意味着前程的失败，因而更加勤奋、踏实地学习。

大学的第一个暑假，丁肇中的心情很不平静，他反复思索着自己的前程，开始不安心于学机械工程，因为物理学的广阔天地更令他心驰神往。他读了不少有关科学家生平事迹的书，尤其是法拉第的艰苦奋斗精神深深地鼓舞着他，他决定把自己的一生全部献给物理学。

然而，丁肇中的父亲却有些忧虑，因为他深知，机械工程学好学坏，以后都有饭吃，可物理学却需要上等人才，要有极好的天赋才行，才能在世界各国优秀人才行列中突出出来。但是，当他看到儿子的坚定信念，便毅然表示支持儿子。母亲也鼓励他说：“你要记住一点，不管你学哪一行，你一定要成为那一行的佼佼者。”

父母的大力支持，为丁肇中转修物理学增加了动力。

不久，父亲在密执安大学的师友、密执安大学工学院院长布朗教授到台湾访问，顺便拜访了丁教授。老友相逢，畅叙旧情。布朗教授表示对丁肇中很有好感，丁肇中的母亲趁机向布朗先生提及丁肇中去美国念书的事，布朗教授满口答应，并愿提供住宿。

1956年9月，丁肇中依依不舍地告别了亲友，启程到美国留学。

当丁肇中抵达美国底特律机场时，口袋里只有100美元，显然不够开销。然而，他在密执安大学以顽强的毅力，一边刻苦学习，一边打工挣钱维持生活，不久便以优异成绩获得了奖学金。

经过三年的艰苦努力，丁肇中获得了数学和物理学硕士学位。在学习的过程中，丁肇中经常会打破书本的局限去理解物理现象，因为他认为，“作为一个科学家，最重要的是不断探寻教科书之外的事物”。

丁肇中原本是准备去普林斯顿大学从事研究工作的，不想在密执安大学举行的优秀学生聚餐会上，与建筑系的美籍女学生露易斯·凯薏邂逅。两人一见钟情，时常约会，感情日深。丁肇中遂决定留在密执安大学工作。

1960年底，丁肇中与凯薏在学校附近的基督教堂里举行了简单而隆重的婚礼。此后的二十多年中，对生活、事业、真理的热爱，更加系紧了这对异国情侣。在日后丁肇中成功的幕后，也包含了凯薏不可磨灭的功劳。

丁肇中在密执安大学物理研究所攻读两年后，提前获得博士学位。他本来希望成为一个理论物理学家，但有两件事却促使他改变了志向。

一件是在研究所中，丁肇中有机会向乌伦伯克、凯斯和拉波特等学识渊博的名教授请教，乌伦伯克教授告诉他：作一个实验家比理论家更有用。

另一件是在进研究所的第一个夏天，有两位教授正在进行一项暑期实验工作，缺乏一名助手，丁肇中应邀一度参加了这项实验。从此，他与实验物理结下了不解之缘。

丁肇中获得博士学位后，许多学校和科研部门都争着聘请他去工作。丁肇中选择了哥伦比亚大学尼文斯实验室。在该实验室中，他努力钻研了两年，发现了重氢分离子，第一次获得了自己的实验成果。

1963年，丁肇中由福特基金会资助，前往日内瓦欧洲核子研究中心，同可可尼教授一起工作。可可尼教授是一位非凡的物理学家，分析问题清晰简明的方式，选择研究课题的敏锐洞察力，都使丁肇中深受启发。

一年以后，丁肇中又回到美国，在哥伦比亚大学工作。这时的哥伦比亚大学人才济济，充满了挑战性，这也更加激发了丁肇中的奋发精神。他广师百家，善于从别人经验和成果中汲取营养，加上他敢于质疑，善于分析，富于革新创造精神，因而形成了自己独特的研究风格。

当时，丁肇中还参加了第一流物理学家李昂·黎德曼主持的实验项目，发现了“抗氢同位素”。由于美国的科学杂志与《纽约时报》和《新闻周刊》发表文章极力推崇这一发现，丁肇中在物理学界崭露头角。这件事对丁肇中日后从事实验工作也产生了很大的影响。

1966年3月，剑桥大学物理学家进行的一次实验，似乎揭示了违反量子电动力学的反常现象，这也引起了各方的瞩目。丁肇中也以极大的兴趣研究了这个明显的反常现象。他认真制定了计划，准备详细进行复查。

当黎德曼教授得知丁肇中这一行动后，感到非常惊讶，因为丁肇中从来就没有研究过这个课题，既没有经验，又缺乏物质上的支持，实验是难以成功的。

然而就在同年9月，仅仅用了半年时间，丁肇中就以惊人的毅力完成了这项实验，证实了量子电动力学的正确无误，澄清了从前未能澄清的问题。从此，丁肇中在国际实验物理学界取得了一席之地。1967年，在斯坦福大学举行的一次国际学术会议上，丁肇中作了专题演讲之后，美国各大学的聘书便接踵而来。最终，丁肇中选择了美国麻省理工学院，在那里由他主持一个物理实验小组。

为了发现新的粒子，丁肇中协同其他研究人员设计了三个大规模的实验室，分别为汉堡的同步加速器研究所、纽约布鲁克文研究所和日内瓦欧洲核子研究中心。丁肇中不辞辛劳、风尘仆仆地奔波于美欧之间。

这不仅反映了一个科学研究工作者的非凡组织才能与杰出领导艺术，也证明了丁肇中是一位极为执着的出色物理科学家。

丁肇中的工作重心是在布鲁克文实验室，用一部300亿电子伏特质子加速器寻找新的粒子。他夜以继日地探索着，经常工作十几个小时，连他唯一的嗜好——进中国餐馆都取消了。

1974年8月，在高能加速器的质子碰撞实验中，丁肇中终于发现了一个新的粒子，即“J”粒子。

“J”粒子是原子核中已经发现的几百种粒子中重量最大、寿命最长的一种，“它的寿命比其他粒子长一万倍”。为了慎重起见，丁肇中并没有马上宣布这一新发现，而是又经过两个月的无数次实验和反复核实，最后证实确凿无误，才于1974年11月向全世界宣布这一伟大的发现。

与此同时，美国加州斯坦福大学的里希特教授用不同的方法也发现了此粒子。

“J”粒子的发现，瞬间便轰动了沉寂十多年的高能物理学界。它不仅是基本粒子科学的重大突破，还使基本粒子物理迈进了一个新的境界。这是近数十年来高能物理学最重大的发现。因此，丁肇中和里希特教授共同获得了1976年诺贝尔物理学奖。

1977年，丁肇中被选为美国国家科学院院士，这也是美国科学家所能获得的最高荣誉。

然而，丁肇中在荣誉面前并没有止步，而是更加勤奋地继续攀登新的科学高峰，探索着物质的“根源”，寻找新的粒子。

除了在麻省理工学院从事研究外，丁肇中仍然频繁地来往于美国、联邦德国和瑞士之间。1979年，丁肇中所领导的研究小组又找到了胶子，这也是量子电动理论的一个重要证明。1985年下半年，他在日内瓦主持建造一个硕大无比的实验场，准备进行前所未有的庞大实验。他要模拟天地初开时那一刹那：宇宙爆炸，星际间布满炽热星尘，研究那一刻的物质结构变化和物质间的相互作用。

丁肇中在进行科学研究的同时，也非常关心祖国高能物理的发展。他曾不辞辛劳，远涉重洋，多次回到大陆从事学术交流和参观访问，向我国介绍国际高能物理的发展，努力促进国际物理学界同中国物理学家合作。

在丁肇中所主持的联邦德国汉堡高能加速器研究小组中，首先接纳了第一批北京高能物理研究所的研究人员。在他的亲自指导和无微不至的关怀下，从事研究的中国科学工作者有的已在欧美获得了博士学位。

丁肇中不仅为中国培养了一批实验物理的科研人才，还十分热心地为祖国培养实验物理研究生而努力奔波。丁肇中说：“四千年以来中国在人类自然发展史上有过很多重要贡献，今后一定能作出更大的贡献。我希望在自己能工作的时间内，为中国培养更多的教学人才。”并一再表示，愿为中国早日实现现代化作出贡献。

心灵物语

要做成任何一件事，就必须要付出艰辛。一个人若没有一点刻苦的精神必然会见困难就退却。丁肇中正是这样一位不怕吃苦的海外华人。他不仅在物理学界为人类作出了贡献，也为我们中华民族争得了荣誉！

史海钩沉

丁肇中领导“阿拉法磁谱仪”实验探索反物质

1998年6月2日，美东部时间凌晨6时零9分，“发现号”航天飞机腾空飞起，机舱内载有中、美等国共同研制的“阿拉法磁谱仪”进行运行实验。这一震惊世界的举动，揭开了人类第一次到太空寻找反物质和暗物质的序幕。

阿拉法磁谱仪实验是一个大型的国际科学实验项目，该实验由丁肇中教授领导，有包括美国、中国、意大利、瑞士、德国、芬兰等国家和地区37个研究机构的物理学家和工程师参加，仅中国参加的科学家和工程师就有约200人，其目的就是寻找太空中的反物质和暗物质。

此次在航天飞机上运行的“阿拉法磁谱仪”传回的数据，从接收到的1％数据判断，全部工作正常，并出现了预想的反质子。但是，由于发现的数量太少，尚无法证明已经发现了反物质。

■文苑荟萃

诺贝尔物理学奖

诺贝尔物理学奖是根据世界著名科学家诺贝尔的遗嘱而设立的，也是诺贝尔奖项之一。该奖项旨在奖励那些在物理学领域作出突出贡献的科学家。由瑞典皇家科学院颁发奖金，每年的奖项候选人由瑞典皇家自然科学院的瑞典或外国院士、诺贝尔物理和化学委员会的委员、曾被授予诺贝尔物理或化学奖的科学家，在乌普萨拉、隆德、奥斯陆、哥本哈根、赫尔辛基大学、卡罗琳医学院和皇家技术学院永久或临时任职的物理和化学教授等科学家推荐。

商界女强人刘秀忍

刘秀忍，“工商女杰”，日本三和商事株式会社董事长。台湾省南投县庵谷乡人， 15岁弃学务工，担任卫生所验血助理，两年后又弃工从商，就职于台北最大的建台百货公司，靠“恒心和真诚”的经营要诀，经营业务遍布日本、中国台湾以及北美、欧洲、东南亚，成了驰骋全球的女强人。

刘秀忍出生于台湾省南投县庵谷乡。少女时代，她不太爱读书，所以15岁时就到卫生所担任验血助理工作；17岁时只身离开南投县，到台北最大的建台百货公司工作。这时，她才懂得了读书的重要性，因此经常利用闲暇及夜晚的时间自修，充实自己。

在20岁时，经媒人介绍，刘秀忍与台湾大学商学系毕业的黄共安结婚。黄共安是个性内向的人，而且听觉不佳。所以在结婚后，他就把公司的贸易业务交给妻子刘秀忍去料理。

刚开始时，刘秀忍不懂贸易业务，只能自己摸索着学习。但经过一段时间努力后，公司的业务蒸蒸日上。忙的时候，刘秀忍总是一天只吃一碗五毛钱的米粉汤，当然这也是为了省钱。由于年轻没经验，又轻信别人，刘秀忍曾被人骗去两百多万元的积蓄。

1964年，公司的业务日渐兴隆后，她却把公司交给小叔经营，自己则偕同夫婿东渡日本去打天下。在不拿家中一毛钱、不懂日本话的情况下，刘秀忍重新开始了创业的艰辛历程。

起初，刘秀忍的“一人公司”开得并不顺利。第一笔生意，她承揽了一批食品罐头外销中美洲，对方却以“没有业绩，信用难卜”为由拒绝了。一开始就吃了闭门羹，这打击可是不小。

然而，刘秀忍也获得了可贵的教训，这使她认识了信用的重要性，并以“信用为重”作为她以后办事的座右铭。挫折没有使她灰心丧志，而是激发了她的雄心壮志：“我要做到有一天日本厂商主动向我寻求生意！”并为此而更加勤苦地学习、奋斗。

后来，刘秀忍把香料、味精原料从日本销往新加坡、泰国、菲律宾等国家，赚了一笔钱。她把这笔钱以每坪五万日币的价格，购买了位于千叶县的一块3500坪土地。三年后，她以每坪45万日币价格卖出这些土地，又用赚来的钱再买土地和办公大楼。

随着公司业务日趋稳定，信用提高，刘秀忍在日本商界渐受尊敬，生意自然也自动上门了，果然实现了她当年受到挫折时对自己许下的诺言。

20多年过去了，当年南投的灰姑娘，今日已是足以与日本大商社一较长短的“三和商事株式会社”董事长。

目前，刘秀忍在日本共有三家公司，80位日本职员，从事三角、四角贸易，以油脂类、化学原料、食品添加剂、香料、机械、包装材料为主要营业项目；往来客户遍及日本、美国、加拿大、欧洲、东南亚等地，据说营业额“相当大”。

此外，她在东京拥有七栋办公大楼，用来出租；在美国得克萨斯州有一个具有3000车位停车场的超级市场购物中心；在台湾也设有分公司“双安”，进口各种产品，台湾各大食品公司均向其购买食品添加料，尤其是“统一企业”与她有十多年生意来往，数年前更盛情邀请刘秀忍作为“统一企业”监察人。

刘秀忍拥有如此庞大的产业，不可能每事亲自过问，她靠的是知人善用，放手让属下员工去负责处理。她对属下的信任及宽宏慷慨，颇使职工折服。职工对她有这样的评价："在那个时代，实在很少有这样的女性……她的胸襟比一般男人更为宽大。奇怪的是，她自己生活相当节俭，对别人却毫不吝啬，十分慷慨。在她手下工作很舒服。"

刘秀忍的恒心和毅力是相当惊人的，为了达到目的，她始终不松懈地努力，一直到成功。有一次，她为了某件事去找一位教授，一共找了107次都没有找到。于是，第108次她又去了。那位教授不由得惊叹：这种恒心，真是世上少见！

而刘秀忍自己曾经一再强调："只要有1%的可能性，我也全力以赴！"

这位小时候不爱念书的女强人，现在却以她的成就获得美国林肯大学颁赠的荣誉商学博士学位，台湾方面也选她为"第二届杰出工商妇女"。

心灵物语

世上一切美好的东西都必须有所付出，成功最终属于那些具有刻苦顽强精神的人。刘秀忍正是凭借着吃苦耐劳、不懈的努力才获得了成功！

史海钩沉

刘秀忍与政要的交往

20世纪70年代初，日本天皇曾接见过刘秀忍，鼓励她再创佳绩。中曾根康弘任日本首相时，还曾亲自送给刘秀忍一幅画，以示对她取得业绩的嘉奖。不少国家的达官显贵也都同刘秀忍交往颇深，美国林肯大学曾向她颁赠过荣誉商学博士学位。

文苑荟萃

株式会社

日本企业通常都被称为“株式会社”，意思是企业就如同一个大家庭。为了避免家庭内部产生对抗，每一个人都有责任维持家庭内部的和谐与团结。

现在，很多日本学者写了《和拢经营革命》《和拢经营哲学》等书。“和”，即和谐；“拢”，即靠拢。也就是说，一个工厂、企业的内部要凝聚在一起，大家紧密地联结成一体。整个公司就好比一部机器，每一个人都是其中的一颗螺丝钉，缺少任何一个机器都要发生故障。

在企业作出重大决策时，也需要经过多层次的研究以及全体成员共同讨论，然后才能集中起来，从而尽量避免上下、左右之间对抗而产生内耗。